高等职业教育畜牧兽医类专业系列教材

兽医临床诊疗技术实训

主　编◎白利军　刘亚楠

副主编◎王延卓　崔晓华
　　　　郭颖研　李云云

审　稿◎白永平

行业指导◎王学文

SHOUYI LINCHUANG

ZHENLIAO JISHU

SHIXUN

北京师范大学出版集团
BEIJING NORMAL UNIVERSITY PUBLISHING GROUP
北京师范大学出版社

图书在版编目(CIP)数据

兽医临床诊疗技术实训 / 白利军,刘亚楠主编.
北京 : 北京师范大学出版社,2025.8. -- ISBN 978-7
-303-30710-4

Ⅰ. S854

中国国家版本馆 CIP 数据核字第 20252Q9G36 号

出版发行：北京师范大学出版社 https://www.bnupg.com
　　　　　北京市西城区新街口外大街 12-3 号
　　　　　邮政编码：100088

印　　刷：	北京虎彩文化传播有限公司
经　　销：	全国新华书店
开　　本：	787 mm×1092 mm　1/16
印　　张：	10.5
字　　数：	242 千字
版　　次：	2025 年 8 月第 1 版
印　　次：	2025 年 8 月第 1 次印刷
定　　价：	35.00 元

策划编辑：周光明		责任编辑：周光明	
美术编辑：焦　丽		装帧设计：焦　丽	
责任校对：陈　民		责任印制：赵　龙	

前　言

　　本教材是畜牧兽医类专业兽医临床诊疗技术课程的配套实训教材。学习本教材的主要目的是培养学生掌握动物疾病诊断、治疗的基本技术。本教材为校企合作开发，全书以工学结合为核心，以工作任务为主线，突出构建兽医临床诊疗技术实践训练体系，以培养高素质技术技能型人才为培养目标。

　　本教材系统研究动物疾病诊断和治疗基本技术、技能、方法，突出实用性和实践性，反映职业教育特色。本教材诊疗动物以牛、羊、马、猪、犬为主体。根据学生就业岗位任职要求，按照职业资格标准，结合兽医科学技术特点和多年临床门诊教学改革经验，编写人员开发了基于工作过程的课程体系与实训教学内容。

　　本教材内容包括保定技术、一般临床检查、给药技术、穿刺与封闭疗法、外科手术治疗技术和其他治疗技术 6 个技术模块，依据诊疗工作岗位的岗位技术项目，制定了 12 项诊疗技术项目和 64 项专项诊疗技能。每个模块都设立了任务单和考核评分表及部分课后习题。

　　由于编者水平有限，教材编写难免有不足之处，敬请各位同人批评指正。

编者

目　录

模块 1　保定技术

模块 2　一般临床检查

模块 3　给药技术

项目 1　投药技术

项目 2　注射给药技术

项目 3　补液及输血疗法

模块 4　穿刺与封闭疗法

项目 1　穿刺技术

项目 2　普鲁卡因封闭疗法

模块 5　外科手术治疗技术

项目 1　手术前的准备

项目 2　临床常用外科手术器械

项目 3　麻醉技术

项目 4　组织分离技术

项目 5   止血技术

项目 6   缝合技术

项目 7   包扎技术

模块 6   其他治疗技术

模块 1　保定技术

【知识目标】

掌握常见动物的接近方法及注意事项。掌握动物保定的方法及注意事项。

【能力目标】

能根据具体情况对牛、猪、羊、犬、猫进行保定。能根据具体情况对常用绳结进行熟练应用。

【思政目标】

培养吃苦耐劳、爱岗敬业的工作作风，团结协作的能力，具备服务三农的情怀。

学习任务 1

动物的接近与保定

●●●●● **任务单**

任务名称	学习任务 1　动物的接近与保定
学习任务 情景描述	1. 王同学在牧场兽医助理岗位工作，需要对患乳房炎的病牛进行静脉注射药物和乳房给药，如何对就诊动物进行接近、保定处理。 2. 小梁是动物医院诊疗室兽医助理，需要对病犬测体温和采集尿液，如何对就诊动物进行接近、保定处理。 3. 小周是动物疫病防治员，今天需要对猪进行前腔静脉采血化验，如何对就诊动物进行接近、保定处理。
课前准备 查找资料	1. 利用学习资源查阅以下相关知识，并进行研读，练习绳结技术。 (1)牛的接近。 (2)牛的常用保定方法。 (3)常用绳结。 (4)犬的接近。 (5)犬的保定方法。 (6)猪的保定方法。 2. 认真研读本任务的任务描述、任务实施内容和任务要求，初步制订任务实施计划。
学习资源	1. 请扫描二维码登录超星学习通平台，加入在线课程学习。 2. 参考教材。 (1)《中国动物保定法》，河北科学技术出版社，赵阳生、张继东主编。 (2)《兽医临床诊疗技术》，中国农业大学出版社，吴敏秋主编。 (3)《兽医临床诊疗技术》(第二版)，中国农业出版社，李玉冰主编。
材料准备	保定绳、牛鼻钳、捕猪器、鼻捻子、项圈、嘴笼、二柱栏、四柱栏、保定台等。
实施步骤	1. 按小组对人员进行任务分工，明确各自任务点。 2. 根据不同动物特点采取正确的动物接近方法。 3. 根据不同诊疗目的、不同环境、不同动物及工具进行正确保定。

任务要求	1. 掌握不同动物的接近和常用保定方法。 2. 能正确使用工具、器械对动物进行保定，熟练打结。
任务完成 情况评价	1. 课堂评价＝自我评价（20％）＋小组评价（20％）。 2. 教师评价（20％）。 3. 考核评价（40％）。

任务 1　动物的接近

一、动物的接近

接近是指兽医人员靠近被诊治动物的过程。接近时应由畜主或饲养人员在旁协助。

（一）接近动物的方法

1. 牛的接近

唤醒牛，从侧前方或正后方接近。

2. 羊和猪的接近

从前方接近时可抓住羊角或猪耳，从后方接近时抓住尾部。对于卧地的动物可在腹部轻轻抚摸，使其安静后再进行检查。

3. 犬、猫的接近

在主人或饲养人员的协助下，呼唤犬、猫名字，从其前方或前侧方去接近，以温柔的方式轻轻抚摸其额头部、颈部、胸腰两侧及背部，然后进行检查和治疗。

（二）接近动物的注意事项

（1）接近动物前应事先向动物主人或有关人员了解被接近动物有无恶癖，做到思想有所准备。

（2）检查者应熟悉各种动物的习性，特别是异常表现（如牛低头凝视、前肢刨地；犬怒目圆睁、龇牙咧嘴发出低吼声，猫弓背、被毛竖立等），以便及时躲避或采取相应措施。

（3）接近动物时，应首先用温和的声音向动物打招呼，然后再接近。

（4）接近后，可用手轻轻抚摸病畜的颈侧或臀部，待其安静后，再行检查；对猪，在其腹下部用手轻轻搔痒，使其静立或卧下，然后进行检查。

（5）检查大动物时，应将一手放于病畜的肩部或髋结节部，一旦病畜有剧烈骚动或抵抗，即可作为支点迅速向对侧推动离开。

任务 2　动物的保定

一、牛的保定

（一）徒手保定（图 1-1）

保定者站于牛的一侧，用一手握牛角基部，另一手提鼻绳、鼻环或用拇指与食指、中指捏住鼻中隔上提，即可固定。此法适用于一般检查、灌药、肌肉及静脉注射。

图 1-1　牛的徒手保定

（二）鼻钳保定（图 1-2）

用鼻钳经鼻孔迅速夹紧鼻中隔，用手握持钳柄略向上提举加以固定，亦可用绳系紧钳柄固定。此法适用于一般检查、灌药，以及肌肉、静脉注射。

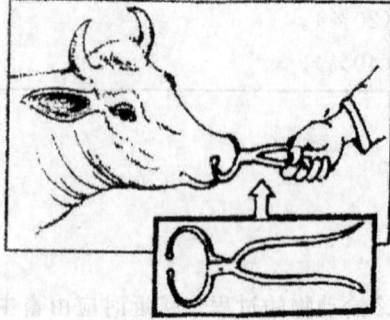

图 1-2　牛的鼻钳保定

（三）两后肢保定（图 1-3）

为防止牛后肢踢人，可用小指粗细、长度适当的绳折成双叠，围绕两后肢跗关节上方一周后，将双绳两游离端穿过另一端折叠套，拉紧系好。也可在两后肢跗关节上部作"8"字形缠绕固定。此法适用于恶癖牛的一般检查、静脉注射，以及乳房、子宫、阴道等疾病的治疗。

（四）角桩保定（图 1-4）

角桩保定法主要是对有角动物的特殊保定方法。保定时将牛头略为抬高，紧贴柱干（或树干侧方，并使牛头向该侧偏斜），使牛角和柱干（树干）卡紧，用绳将牛角呈"8"字形缠绕在柱上，最后将牛的嘴端也缚于木柱上。操作时用长绳一条，先缠于一侧角，绳的另一端缠绕对侧角，然后将该绳绑在柱干（树干）上，缠绕数次以固定头部。此法适用于一般检查、肌肉、静脉注射。

图 1-3　牛的两后肢保定　　　　图 1-4　牛的角桩保定

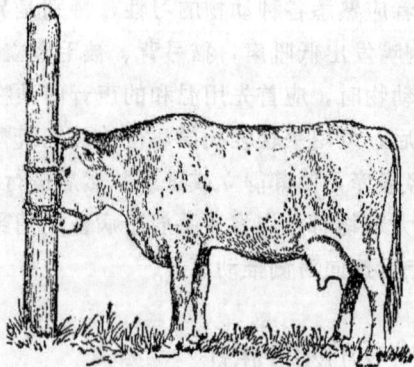

（五）柱栏保定

1. 二柱栏保定（图 1-5）

将牛牵至二柱栏内，鼻绳系于头侧栏柱，然后缠绕围绳，吊挂胸、腹绳即可固定。此法适用于临床检查、各种注射，以及颈、腹、蹄等部疾病治疗。

图 1-5 牛的二柱栏保定

2. 四柱栏保定(图 1-6)

将牛牵入柱栏内,上好前后保定绳即可保定,必要时还可加上背带和腹带。五柱栏的结构是在四柱栏的正前方设一单柱栏,用于牛头的固定。

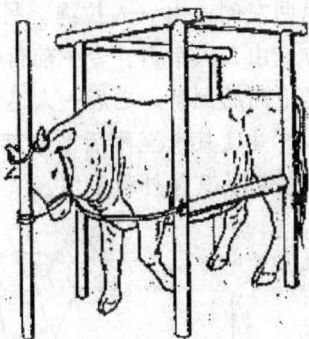

图 1-6 牛的四柱栏保定

3. 栅栏保定(图 1-7)

当没有保定栏时,可用一单绳将牛围在栅栏旁边,牛头绑在结实的柱子上,在牛的颈基部打一个拴马结,绳的游离端沿牛体腹侧向后,绕过后肢,绑在后方的另一柱上。

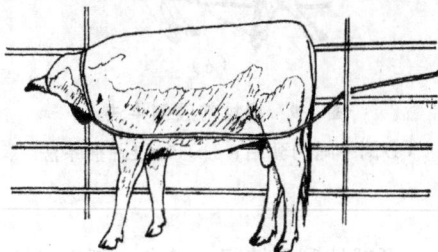

图 1-7 栅栏保定

(六)倒卧保定

1. 背腰缠绕倒牛法(图 1-8)

取一条长约 15 m 的绳,一头拴在牛的两角根处,将绳沿非卧侧颈部外面和躯干上部向后牵引,在肩胛后角处环胸绕一圈做成第一绳套,继而向后引至肷部,再环腹一周做成第二绳套。由两人慢慢向后拉紧绳的游离端,由另一人把持牛角,使牛头向下倾斜,牛即可蜷腿而缓慢倒卧。牛倒卧后，要固定好头部，不能放松绳端，否则牛易站起。一般情况下，不需捆绑四肢，必要时再行固定。

图 1-8　背腰缠绕倒牛法

2. 拉提前肢倒牛法（图 1-9）

取约 10 m 长圆绳一条，折成长、短两段，于折转处做一套结并套于左前肢系部，将短绳一端经胸下至右侧并绕过背部再返回左侧，由一人拉绳。另将长绳引至左髋结节前方并经腰部返回缠一周，打结，再引向后方，由二人牵引。令牛前行一步，正当其抬举左前肢的瞬间，三人同时用力拉紧绳索，牛即先跪下而后倒卧。之后一人迅速固定牛头，一人固定牛的后躯，一人迅速将缠在牛腰部的绳套后拉，并使其滑至两后肢跗部拉紧，最后将两后肢与前肢捆扎在一起。牛倒卧保定，主要适用于去势及其他外科手术。

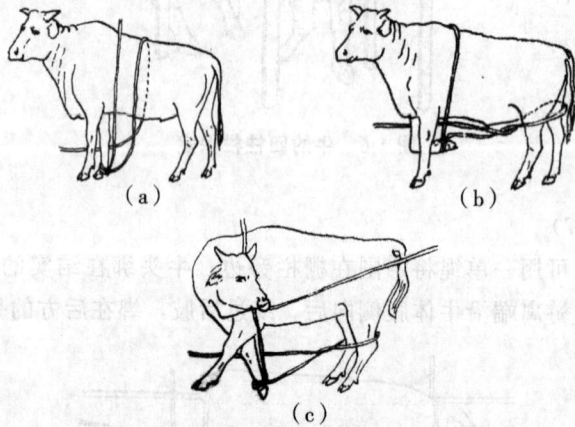

图 1-9　提拉前肢倒牛法

（a）倒牛绳的套结；（b）（c）肢蹄捆系法

二、猪的保定

对性情温顺的猪无须保定，可就地利用墙根、墙角，缓和地由后方或侧方接近，用木板或栅栏将其拦停，然后进行检查处置。对性情凶暴、骚动不安的猪，可选用下列方法进行保定：

（一）站立保定

对单只病猪进行检查时，可迅速抓提猪尾、猪耳或后肢，然后根据需要做进一步保定。亦可使用绳套保定法，即用绳的一端做一活套或用捕猪器绳套，自鼻部下滑，套入上颌犬齿并勒紧或向一侧捻紧即可固定（图 1-10）。此法适用于检查体温、肌肉注射、灌药及一般临床检查等。

图 1-10　猪绳套保定

（二）提举保定（图 1-11）

抓住猪的两耳迅速提举，使猪腹面朝前，并以膝部夹住背部；也可抓住两后肢飞节并将其后肢提起，夹住背部而固定。抓耳提举适用于经口插入胃管或气管注射；后肢提举适用于腹腔注射及阴囊疝手术、灌肠等。

图 1-11　猪后肢提举保定

（三）侧卧保定（图 1-12）

一手抓住猪的左耳，另一手抓住左侧膝前皱褶，提举使四肢离地后放倒在地，较大猪可由两个人同时提耳和后肢放倒在地。然后用脚掌或膝跪压猪肩和腰部，或用保定绳捆绑固定。此法适用于大公、母猪的去势，腹腔手术及静脉、腹腔注射等。

图 1-12　猪侧卧保定

（四）网架保定（图 1-13）

取两根木棒或竹竿，用绳在其上编织成网并将网架放在地上，把猪赶至网架上，随即抬起网架，将木棒或竹竿两端放于木凳上，使猪四肢落入网孔并离开地面，令其无力挣扎而被固定。此法适用于一般检查及耳静脉注射。

图 1-13　猪网架保定

三、羊的保定

（一）站立保定（图 1-14）

两手握住羊的两角，骑跨羊身，以大腿内侧夹持羊两侧胸壁即可保定。此保定方法适用于临床检查或治疗时的保定。

图 1-14　羊站立保定

（二）倒卧保定（图 1-15）

保定者俯身从对侧一只手抓住两前肢系部或抓一前肢臂部，另一手抓住腹肋部膝襞处扳倒羊体，后一只手改抓两后肢系部，前后一起抓住即可。此保定方法适用于治疗或简单手术。

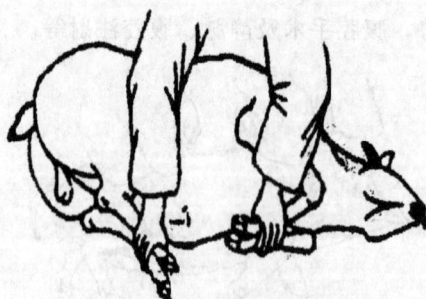

图 1-15　羊倒卧保定

四、犬猫的保定

（一）徒手保定

犬、猫对其主人有较强的依恋性。因此，在接近犬、猫时，最好有主人在场。首先向其发出接近信号（如呼唤犬、猫的名字或发出温和的呼声，以引起犬、猫的注意），然后从其前方徐徐绕至前侧方动物的视线范围内，一面观察其反应，一面接近。

1. 怀抱保定（图 1-16）

保定者站在犬一侧，两只手臂分别放在犬胸前部和股后部将犬抱起，然后一只手将犬头颈部紧贴自己胸部，另一只手抓住犬两前肢限制其活动。此法适用于对小型犬和幼龄大、中型犬进行听诊等检查，并常用于皮下或肌肉注射。

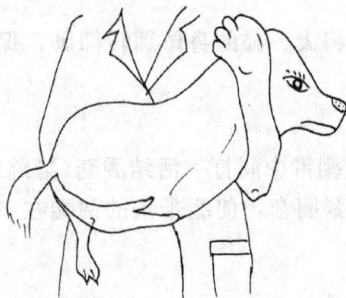

图 1-16　犬怀抱保定

2. 站立保定（图 1-17）

保定者蹲在犬一侧，一只手向上托起犬下颌并捏住犬嘴，另一只手臂经犬腰背部向外抓住外侧前肢。此法适用于比较温顺或经过训练的大、中型犬的临床检查。

图 1-17　犬站立保定

（二）倒卧保定

1. 犬、猫的侧卧保定（图 1-18）

主人保定犬、猫的头部，保定人员用温和的声音呼唤犬猫，一边用手抓住其四肢的掌部和跖部，向一侧搬动四肢，犬、猫即可侧卧于地，然后用细绳分别捆绑两前肢和两后肢。

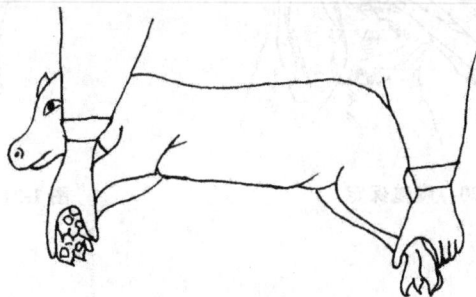

图 1-18　犬侧卧保定

2. 犬、猫的俯卧保定

主人或由保定人员一边用温和的声音呼唤犬猫，一边用细绳或纱布条分别系于四肢球节上方，向前后拉紧细绳使四肢伸展，犬、猫呈俯卧姿势，头部用细绳或纱布条固定于手术台或桌面上，也可用毛巾缠绕颈部使头部相对固定。此法适用于静脉注射，耳的修整术以及一些局部处理。

3. 犬、猫的仰卧保定

按犬、猫的俯卧保定方法，将犬、猫的身体翻转仰卧，保定于手术台上。此保定法适用于腹腔及会阴等部的手术。

（三）绷带保定（图 1-19）

采用 1 m 左右的绷带条，在绷带中间打一活结圈套（猪蹄结），将圈套从鼻端套至犬鼻背中间（结应在下颌下方），然后拉紧圈套，使绷带条的两端在口角两侧向头背两侧延伸，在两耳后打结。

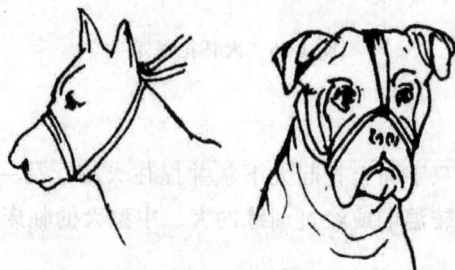

图 1-19　犬绷带保定

（四）嘴笼保定（图 1-20）

有皮革制嘴笼和铁丝制嘴笼之分。嘴笼的规格，按犬的个体大小有大、中、小三种，选择合适的嘴笼给犬戴上并系牢。保定人员抓住脖圈，防止将嘴笼抓掉。

（五）颈圈保定（图 1-21）

商品化的宠物颈圈是由坚韧且有弹性的塑料薄板制成。使用时将其围成圆环套在犬、猫颈部，然后利用上面的扣带将其扣好，形成前大后小的漏斗状。适用于限制犬、猫回头的临床检查，也用于术后防止动物啃舔，有利于创口愈合。

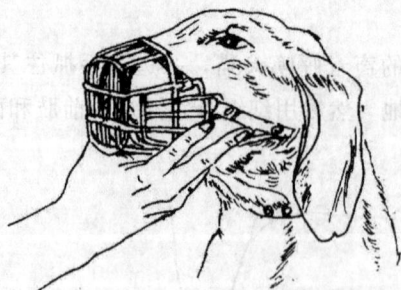

图 1-20　嘴笼保定

图 1-21　颈圈保定

（六）颈钳保定（图 1-22）

主要用于凶猛咬人的犬。颈钳柄长 1 m 左右，钳端为两个半圆形钳嘴，使之恰能套入犬的颈部。保定时，保定人员抓住钳柄，张开钳嘴将犬颈部套入后再合拢钳嘴，以限制犬头的活动。

图 1-22 犬颈钳保定

五、马的保定

（一）耳夹子保定（图 1-23）

一手抓住马耳，另一手将耳夹子放于耳根部用力夹紧。此法适用于一般检查和治疗。

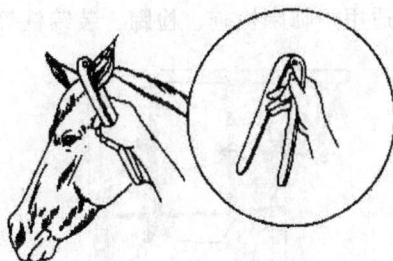

图 1-23 耳夹子保定

（二）鼻捻子保定（图 1-24）

将鼻捻子的绳套套于马的上唇，并迅速向一方捻转把柄，直至拧紧为止。此法适用于一般检查和治疗。

图 1-24 鼻捻子保定

（三）柱栏保定

1. 单柱栏保定（图1-25）

将马缰绳系于立柱（或树桩）上，用颈绳绕颈部后，系结固定。适用于灌药和投胃管等操作。

图1-25　单柱栏保定

2. 二柱栏保定（图1-26）

将马牵至柱栏左侧，缰绳系于横梁前端的铁环上，用另一绳将颈部系于前柱上，最后缠绕围绳及吊挂胸、腹绳。此法适用于临床检查、检蹄、装蹄铁等。

图1-26　二柱栏保定

3. 四柱栏保定（图1-27）

四柱栏较六柱栏少两个门柱，但前柱上方各向前外方突出并弯下，设有吊环，可供拴缰绳用。先挂好胸带，将马牵入柱栏内，然后挂上臀带。此法适用于一般临床检查及治疗。在直肠检查时，必须上好腹带及肩带。

图1-27　四柱栏保定

（四）倒卧保定

双侧绳倒马法是最常用的倒马法之一，比较安全，也适用于牛。用长约 10 m 的圆绳一根和长约 20 cm 的小木棍一根。在绳的正中处打一个双活结，将绳套绕到颈基部，接头处用两绳套互相套叠，用小木棍固定，绳的两端经两前肢间向后牵引，分别经两后肢内侧向外缠绕系部一周，并将原绳段缠绕一次，分别从同侧颈部绳圈内绕出，再向后牵引（图 1-28、图 1-29）。此时，由两人分别在马的左后方和右后方用力拉绳，另一个人握持笼头保定马头，马即呈后坐姿势，自然卧倒。

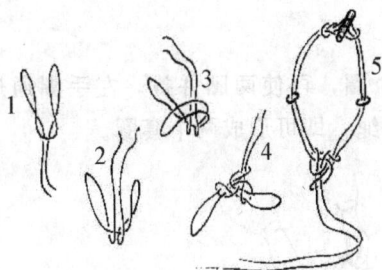

图 1-28 颈部绳套的结法

图 1-29 双侧绳倒马法

双侧绳倒马之后，可将系在上侧后肢的长绳后拉，使该肢转向前方，并将绳端由内侧绕过飞节上部交叉缠绕，最后打结缚于系部，以充分显露一侧腹股沟区（图 1-30）。此法适用于去势及直肠手术等。

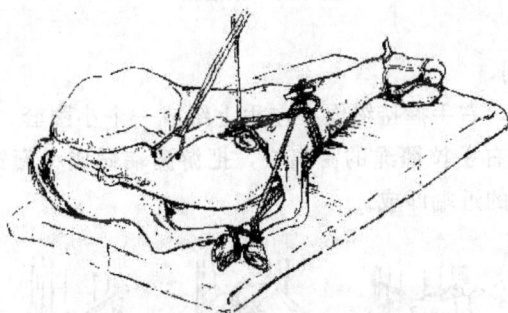

图 1-30 显露一侧腹股沟区的捆缚法

任务 3 绳结技术

动物保定过程中经常需要打结，保定中所有的结都要求牢固、结实可靠、易于解脱。常用的绳结有以下几种。

一、单活结（图 1-31）

一只手持绳并将绳在另一手上绕一周，然后用被绳缠绕的手握住绳的另一端并将其经绳环处拉出即可。

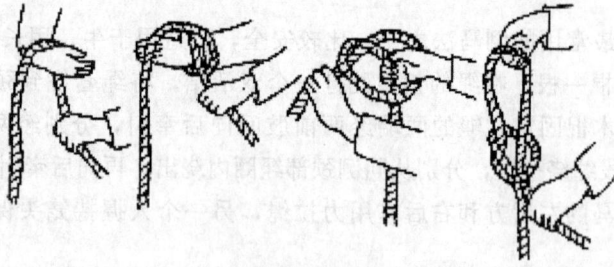

图 1-31　单活结

二、双活结（图 1-32）

两手握绳右转至两手相对，此时绳子形成两个圈，再使两圈并拢，左手圈通过右手圈，右手圈通过左手圈，然后两手分别向相反的方向拉绳，即可形成两个套圈。

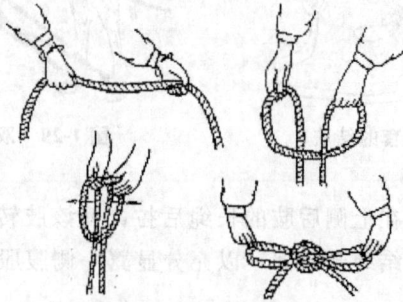

图 1-32　双活结

三、拴马结（图 1-33）

左手握持缰绳游离端，右手握持缰绳在左手上绕成一个小圈套；将左手小圈套从大圈套内向上向后拉出，同时换右手拉缰绳的游离端，把游离端做成小套穿入左手所拉的小圈内，然后抽出左手，拉紧缰绳的近端即成。

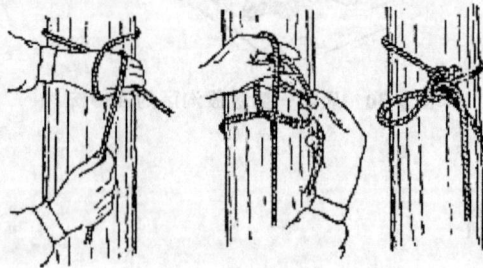

图 1-33　拴马结

四、猪蹄结（图 1-34）

将绳端绕于柱上后，再绕一圈，两绳端压于圈的里边，一端向左，一端向右；或者两手交叉握绳，两手转动即形成两个圈的猪蹄结。

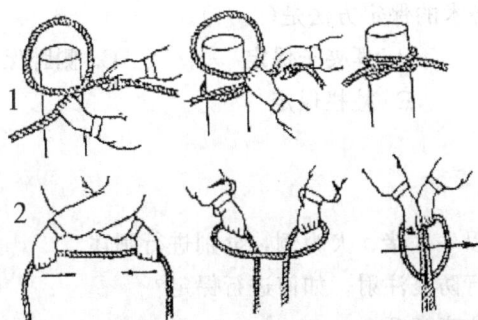

图 1-34 猪蹄结

●●●● 相关知识

保定动物的注意事项

(1)固定绳结应打活结，发生意外时易于解开。

(2)保定过程中既要防止造成人员受伤，也要避免对动物造成伤害。

(3)保定动物要确实牢固，防止挣脱、逃跑。

(4)倒卧保定时，绳索必须结实可靠、防止断裂；动物腹压不宜太大；倒卧地面应选择平坦的土质地面或草地，头部下方应铺软垫。

(5)避免剧烈追赶动物，以免影响检查结果。

(6)保定会对动物造成应激甚至损伤，应尽量采用简单保定方法或不保定。

(7)保定过程中要畜主配合。

●●●● 项目测验

问题一：给牛口服药物可以采用的最适宜的保定方法是（　　）。

A. 六柱栏保定　　　　　B. 角根保定　　　　　C. 鼻钳保定

D. 两后肢保定　　　　　E. 躺卧保定

问题二：猪的腹腔注射最适宜的保定方法是（　　）。

A. 提举保定　　　　　　B. 躺卧保定　　　　　C. 绳套保定

D. 怀抱保定　　　　　　E. 网架保定

问题三：犬猫在进行肌肉注射时适合使用（　　）方法。

A. 提举保定　　　　　　B. 俯卧保定　　　　　C. 仰卧保定

D. 怀抱保定　　　　　　E. 颈钳保定

问题四：适用于猪灌药的保定方法是（　　）。

A. 侧卧保定　　　　　　B. 仰卧保定　　　　　C. 猪鼻勒保定

D. 提举保定　　　　　　E. 网架保定

问题五：适用于牛乳房炎治疗的保定方法是（　　）。

A. 两后肢保定　　　　　B. 鼻钳保定　　　　　C. 角桩保定

D. 徒手保定　　　　　　E. 柱栏保定

问题六：适用于马去势术的保定方法是(　　)。

A. 鼻捻保定　　　　　B. 耳夹子保定　　　　C. 侧卧保定

D. 徒手保定　　　　　E. 柱栏保定

●●●● **思考题**

1. 如何接近动物？试以牛、猪、犬为例，分别进行阐述。

2. 在猪舍里我们要进行防疫注射，如何进行保定？

3. 动物保定时有哪些注意事项？

●●●● **考核评分**

班级_____　　学号_____　　学生姓名_____　　得分_____

评价项目		评价标准(考核指标解释及分值)	满分	得分
课堂评价	自我评价	能够预习所学知识，学习任务相关知识，完成习题、报告	20	
	小组评价	积极参加小组活动，团队合作意识强，组织协调能力强，能运用所学方法分析、解决问题	20	
教师评价		主动查阅资料、学习相关知识，独立完成学习任务、课堂纪律好，有较强的安全意识、节约意识、爱护动物的意识	20	
考核评价	任务完成情况评价	能正确接近动物，与畜主沟通良好	10	
		能根据不同场景保定动物，保定确实，能安抚动物，能配合操作人员完成操作	10	
		能熟练打出常用的绳结，绳结用途表述正确：单活结、双活结、拴马结、猪蹄结	10	
	相关习题完成评价	能查阅相关资料完成习题，正确率高	10	
总分			100	

模块 2 一般临床检查

【知识目标】

掌握动物整体状态、被毛及皮肤、眼结膜、浅表淋巴结的检查方法。了解动物整体状态、被毛及皮肤、眼结膜、浅表淋巴结病理变化及临床诊断意义。掌握动物体温、呼吸数、脉搏数的检查方法。了解动物体温、呼吸数、脉搏数的病理变化及临床诊断意义。

【能力目标】

能准确对动物的精神状态、营养状况、姿势和步态做出判断。能熟练地对动物皮肤的温度、湿度和弹性进行检查。能熟练地对检查动物的眼结膜进行检查，并判断出眼结膜颜色的病理变化。

【思政目标】

培养仔细观察，科学分析临床资料，严谨认真的工作态度。

学习任务 2

一般临床检查

●●●● **任务单**

任务名称	学习任务 2　一般临床检查
学习任务 情景描述	1. 小王在猪场兽医助理岗位工作，今天饲养员说猪舍里有几头猪不吃饲料、精神困倦，需要对其进行检查诊断。请完成临床检查任务的相关内容。 2. 小武是动物医院诊疗室兽医助理，今天需要对就诊的病犬按步骤进行临床检查并进行记录和初步分析判断。请完成临床检查任务的相关内容。
课前准备 查找资料	1. 学习临床检查的基本方法，利用学习资源查阅以下相关知识，并进行研读。 (1)对动物进行整体状态的观察，包括精神状态、营养状况、姿势步态等内容。 (2)被毛和皮肤的检查。 (3)眼结膜的检查。 (4)浅表淋巴结的检查。 (5)体温、脉搏、呼吸数的测定。 2. 认真研读本任务的任务描述、任务实施内容和任务要求，初步制订任务实施计划。
学习资源	1. 请扫描二维码登录超星学习通平台，加入在线课程学习。 2. 参考教材。 (1)《兽医临床诊断学》(第三版)，中国农业出版社，王俊东、刘宗平主编。 (2)《兽医临床诊疗技术》，中国农业大学出版社，吴敏秋主编。 (3)《兽医临床诊疗技术》(第二版)，中国农业出版社，李玉冰主编。
材料准备	捕猪器、项圈、嘴笼、体温计、猪、犬等。
实施步骤	1. 利用学习资源的图片、视频了解患病动物的一般临床检查内容。 2. 在实训基地，选择猪、犬若干头(只)，应用所学方法对动物按顺序进行全身状态的观察并识别异常状态，对异常状态进行分析。 3. 进行动物体温、脉搏、呼吸数的测定，判断是否正常，并能对异常情况进行分析。 4. 进行动物眼结膜、浅表淋巴结检查，并对常见异常状态进行分析判断。

任务要求	1. 能对患病动物进行一般临床检查。 2. 能对一般的临床现象进行判断、分析并进行记录。
任务完成 情况评价	1. 课堂评价＝自我评价(20%)＋小组评价(20%)。 2. 教师评价(20%)。 3. 考核评价(40%)。

　　一般检查是对病畜进行临床诊断的初步阶段。通过检查可以了解动物全貌，并可发现疾病的某些重点症状，为进一步的系统检查提供线索。

　　一般检查以视诊和触诊为主要方法。检查内容主要包括整体状态的观察，被毛及皮肤的检查，眼结膜检查，体表浅在淋巴结检查以及体温、脉搏及呼吸数的测定等。

任务 1　全身状态的观察

一、精神状态

　　精神状态的检查，主要通过观察病畜的神态、眼和耳的活动及其对外界刺激的各种反应、表现而判定。健康动物两眼有神，反应迅速，动作敏捷，毛、羽平顺有光泽。幼龄动物则表现活泼好动。精神异常可表现为抑制或兴奋。

（一）抑制状态

　　病畜表现为双耳耷拉，头低下，眼半闭，行动迟缓或呆立，对周围淡漠而反应迟钝，重则嗜睡，甚至呈现昏迷状态。鸡常缩颈闭眼，两翅下垂(图 2-1)；猪多表现为独居一隅或钻入垫草中。主要见于各种热性病、消耗性疾病和衰竭性疾病。

图 2-1　病鸡精神沉郁

（二）兴奋状态

　　病畜轻者表现左顾右盼，惊恐不安，竖耳刨地，重则前冲后退，不受控制，挣脱缰绳。牛哞叫、摇头乱跑；猪有时伴有痉挛与癫痫样动作。主要见于脑及脑膜炎症、中暑以及某些中毒病等。典型的狂躁、兴奋行为是狂犬病的特征(图 2-2)。

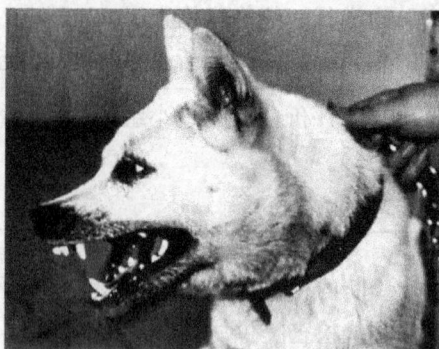

图 2-2　患狂犬病的犬精神兴奋

二、营养、发育与躯体结构

（一）动物的营养状况

动物的营养状况主要是根据肌肉的丰满程度、皮下脂肪的蓄积量及被毛的状态和光泽，可将动物的营养分为营养良好、营养不良和营养过剩三级。

1. 营养良好

营养良好的动物肌肉丰满、皮下脂肪充盈，结构匀称、骨不显露、皮肤富有弹性，被毛光顺。

2. 营养不良

营养不良的动物表现消瘦、毛焦欣吊、皮肤松弛缺乏弹性、骨骼显露明显（图 2-3），常见于消化不良、长期腹泻、代谢障碍、慢性传染病和寄生虫病（如结核、鼻疽及肝片形吸虫病等）。

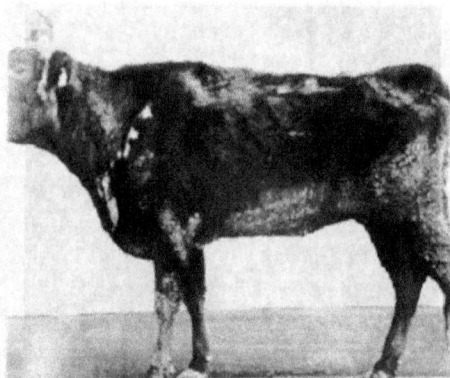

图 2-3　病牛营养不良

3. 营养过剩

营养过剩即肥胖，表现为体内脂肪蓄积过多、体重增加，多因饲养水平过高、运动不足或内分泌紊乱引起，如肥胖母牛综合征、肾上腺皮质功能亢进、甲状腺功能减退等。

（二）发育

动物的发育情况主要根据骨骼的发育程度及躯体的大小而确定。必要时应测量体长、体高、胸围等体尺。

1. 正常状态

健康动物发育良好，体躯发育与年龄相称，符合品种特征，肌肉结实，体格健壮。

2. 病理状态

发育不良的病畜，多表现为躯体矮小，发育程度与年龄不相称，在幼畜多呈发育迟缓甚至发育停滞。

（三）躯体结构

躯体结构主要注意病畜的头、颈、躯干及四肢、关节各部的发育情况及其形态比例关系。

1. 正常状态

健康动物的躯体结构紧凑而匀称，各部的比例适当。

2. 病理状态

（1）单侧耳、眼睑、鼻唇松弛、下垂而致头面歪斜，是面部神经麻痹的表现。

（2）头大颈短、面骨膨隆、胸廓扁平、腰背凹凸、四肢弯曲、关节粗大，多为骨软症或幼畜佝偻病（图 2-4）的特征。

图 2-4 犬佝偻病

（3）腹围极度膨大、肋部胀满提示反刍兽的瘤胃臌气（图 2-5）或马骡的肠臌气。

图 2-5 牛腹围增大瘤胃臌气

（4）马因鼻唇部浮肿而引起类似河马头样病变形态，常为出血性紫癜（血斑病）的特征。

（5）猪的鼻面部歪曲、变形，提示传染性萎缩性鼻炎等。

三、姿势与步态

健康动物的自然姿态，各有其不同的特点。马多站立，常轮歇其后蹄，偶尔卧下，但闻吆喝声而起。牛站立时常低头,采食后四肢集于腹下而伏卧,起立时先起后肢,动作缓慢。猪食后喜卧,生人接触时即迅速起立。临床上常见异常姿势有以下几种。

(一)强迫姿势

其特征为头颈平伸,背腰僵硬,四肢僵直,尾根举起,呈典型的木马样姿势,常见于破伤风(图 2-6)。

图 2-6　破伤风姿势

(二)异常站立

如单肢疼痛则患肢提起,不愿负重;两前肢疼痛则两后肢极力前伸;两后肢疼痛则两前肢极力后移,以减轻病肢负重,多见于蹄叶炎。风湿症时,四肢常频频交替负重,站立困难。鸡两腿前后叉开,则为马立克氏病的表现(图 2-7)。

图 2-7　鸡马立克姿势

(三)站立不稳

躯体歪斜或四肢叉开,依柱靠壁站立,常为共济失调与躯体失去平衡的表现。可见于脑病或中毒。鸡扭头曲颈,可见于鸡新城疫、维生素 B_1 缺乏症(图 2-8)或呋喃类药物中毒。

图 2-8　鸡维生素 B_1 缺乏时曲颈背头姿势

（四）骚动不安

马属动物可表现为前肢刨地、后肢踢腹、回视腹部（图 2-9）、时起时卧、起卧滚转呈犬坐姿势或呈腹部朝天等；牛羊可见以后肢蹴腹动作，骚动不安常为腹痛病的特有表现。

图 2-9 马腹痛表现回视腹部

（五）异常躺卧

病畜躺卧不能站立，常见于奶牛生产瘫痪、佝偻病的后期、仔猪低血糖病等；后躯瘫痪见于脊髓损伤、肌麻痹等（图 2-10）。

图 2-10 牛生产瘫痪姿势

（六）运步异常

病畜呈现跛行，常见于四肢病，如蹄病、牛肩胛骨移位、习惯性髌骨脱位；步态不稳多为脑病或中毒，也可见于垂危病畜。

任务 2 被毛及皮肤的检查

一、被毛检查

被毛检查主要注意观察被毛的清洁度、光泽、分布状态、完整性及与皮肤结合的牢固性等。健康动物的被毛平顺而富有光泽，每年于春、秋两季脱换新毛。

被毛蓬松粗乱、失去光泽、易脱落或换毛季节推迟，多见于长期消化紊乱、营养不良、某些寄生虫病、慢性传染病。局部被毛脱落，可见于湿疹、疥癣、脱毛癣等皮肤病。鸡的啄羽症脱毛，多为代谢紊乱和营养缺乏所致。

二、皮肤检查

(一)颜色

颜色检查主要对浅色猪有重要意义。猪皮肤出现小出血点(指压不褪色),常见于败血性传染病,如猪瘟;出现较大的红色充血性疹块(指压褪色),常提示为猪丹毒;猪亚硝酸盐中毒时,皮肤呈青白或蓝紫色。皮肤发绀,多见于心脏衰弱、呼吸困难及某些中毒;仔猪耳尖、鼻盘发绀,常见于仔猪副伤寒。

(二)温度

皮温检查常用手背触诊。牛、羊检查鼻镜(正常时鼻镜发凉)、角根(正常时有温感)、背腰部及四肢;马可触摸耳根、颈部、腹侧和四肢;猪可检查耳及鼻端;禽可检查肉髯及两足。

全身皮温增高,常见于发热性疾病;局限性皮温增高是局部炎症的表现。全身皮温降低,常为体温过低的标志,可见于衰竭症、大失血及牛产后瘫痪;局部皮温降低,可见于该部水肿或神经麻痹;皮温不均,可见于心力衰竭及虚脱。

(三)湿度

皮肤的湿度与汗腺分泌有关。发汗增多,除因气温过高、湿度过大或运动过度之外,多属于病态。临床上表现为全身性和局部性湿度过大(多汗)。全身性多汗,常见于热性病、日射病与热射病,以及剧痛性疾病、有机磷中毒。当动物虚脱、胃肠或其他内脏破裂及濒死期时,则多出大量冷汗且黏腻如油,提示循环衰竭,多预后不良;局部性多汗多为局部病变或神经机能失调的表现。皮肤干燥多见于各种发热性疾病及各种原因引起的机体脱水。

(四)弹性

检查皮肤弹性的部位,马在颈侧,牛在最后肋骨后部,小动物在背部。检查方法是将该处皮肤提起使之成皱襞状,然后放开,观察其恢复原状的速度。健康动物提起的皱襞很快恢复。皮肤弹性降低时,皱襞恢复很慢,多见于脱水、营养不良及皮肤病等。

(五)疹疱

注意观察体表被毛稀疏部位,检查时特别注意眼、唇周围及蹄部、趾间等。

1. 斑疹

斑疹是弥散性皮肤充血和出血的结果。用手指压迫,红色即退的斑疹,称之为红斑,见于猪丹毒及日光敏感性疾病;小而呈粒状的红斑,称之为蔷薇疹,见于绵羊痘;皮肤上呈现密集的出血性小点,称之为红疹,指压红色不退,见于猪瘟及其他有出血性素质的疾病。

2. 丘疹

丘疹呈圆形的皮肤隆起,由小米粒到豌豆大,乃皮肤乳头层发生浸润所致。

3. 水疱

水疱为豌豆大、内含透明浆液性液体的小疱,因内容物性质的不同,可分别呈淡黄色、淡红色或褐色。在口腔黏膜上及蹄裂间的急发性水疱,是牛羊猪口蹄疫的特征。患痘病时,水疱是其发病经过的一个阶段,其后转为脓疱。

4. 脓疱

脓疱为内含脓液的小疱,呈淡黄色或淡绿色。见于痘病。

5. 荨麻疹

荨麻疹为皮肤表面散在的鞭痕状隆起,由豌豆大至核桃大,表面平坦,常有剧痒,呈急发急散,不留任何痕迹。常由于接触荨麻而发生,故称荨麻疹。当动物受到昆虫刺蜇、突然变换高蛋白性饲料、消化不良,以及上呼吸道感染和媾疫等时,均可能出现荨麻疹。多由于变态反应引起毛细血管扩张及损伤而发生真皮或表皮水肿所致。

(六)皮肤及皮下组织肿胀

皮肤及皮下有肿胀时,应用视诊观察肿胀部位的形态、大小,并用触诊判定其内容物性状、硬度、温度,以及可动性和敏感性等。临床上常见的肿胀表现有以下几种。

1. 皮下浮肿

皮下浮肿的特征为局部无热、无痛反应,指压如生面团并留指压痕(炎性肿胀则有明显的热痛反应,一般较硬,无指压痕)。皮下浮肿依发生原因主要分为营养性、肾性及心性浮肿。

猪眼睑或面部浮肿,常见于水肿病;牛、羊下颌浮肿可见于肝片形吸虫病;牛下颌或胸前浮肿,常见于创伤性心包炎;臀部、尾根、肛门、会阴等部浮肿,见于牛青杠叶中毒;雏鸡皮下浮肿可见于渗出性素质(尤其多发于硒或维生素 E 缺乏),表现为腹下、胸下、腿内侧等部位皮下变为蓝绿或蓝紫色肿胀,触诊稍硬。

2. 皮下气肿

皮下气肿在触诊时出现捻发音,颈、胸侧及肘后的窜入性皮下气肿局部无热痛反应;牛、羊患气肿疽,局部有热痛反应,切开局部可流出泡沫状带腐败臭味液体;牛的颈侧皮下气肿,也可由于食管破裂后气体窜入皮下引起。

3. 脓肿、水肿及淋巴外渗

脓肿、水肿及淋巴外渗部位多呈圆形凸起,触诊多有波动感,见于局部创伤或感染,穿刺抽取内容物即可予以鉴别。

4. 其他肿物

(1)疝:用力触压可复性疝病变部位时,疝内容物即可还纳入腹腔,并可摸到疝孔,如腹壁疝、脐疝(图 2-11)、阴囊疝。

图 2-11　牛犊患脐疝

(2)体表局限性肿物:如触诊有坚实感,则可能为骨质增生、肿瘤、肿大的淋巴结;牛的下颌附近的坚实性肿物,则提示为放线菌病。

任务3　眼结膜检查

一、眼结膜检查方法

检查眼结膜时，着重观察其颜色，其次要注意有无肿胀和分泌物。眼结膜的检查方法因动物种类不同而不同。检查眼结膜时如发现异常，应检查其他可视黏膜进行参照比对。

（一）马的眼结膜检查

检查马的眼结膜（图2-12）时，通常检查者立于马头一侧，左手抓住笼头，右手食指第一指节置于上眼睑中央的边缘处，拇指放于下眼睑上缘，其余三指屈曲并入于眼眶上面作为支点，食指和拇指向眼窝略加压力，同时分别拨开上、下眼睑，即可使眼睑结膜及瞬膜露出而检视之。检查时，两眼都做检查，应在自然光下进行，以免影响判断。健康马的眼结膜呈淡红色。

图2-12　马的眼结膜检查

（二）牛的眼结膜检查

检查牛的眼结膜时，主要观察巩膜的颜色及其血管情况，检查时可一手握住牛角，并向检查人的方向牵引，另一手持同侧角，向外用力推，如此使头转向侧方，即可露出结膜。也可两手分别握住两角，将头向侧方扭转，进行眼结膜检查（图2-13）。健康牛的眼结膜呈淡粉红色。

图2-13　牛的眼结膜检查

（三）羊、猪、犬等中小动物的眼结膜检查

用两手的拇指打开上下眼睑进行检查。猪、羊的眼结膜颜色较牛的稍深，并带灰色。犬的眼结膜为淡红色，但很易因兴奋而变红色。

二、眼睑及眼结膜的病理变化

（一）眼睑及分泌物

眼睑肿胀并伴有畏光流泪，是眼睑炎或眼结膜炎的特征。轻度的结膜炎症，伴有大量的浆液性眼分泌物，可见于流行性感冒；黄色、黏稠性眼眵，是化脓性结膜炎的标志，常见于某些发热性传染病，如犬瘟热。猪眼大量流泪，可见于流行性感冒。猪眼窝下方有流泪痕迹，应提示传染性萎缩性鼻炎。仔猪眼睑水肿，应注意是否为水肿病。

（二）眼结膜颜色的病理变化

1. 结膜潮红

结膜潮红是血液循环障碍的表现，也见于眼结膜的炎症和外伤。根据潮红的性质，可分为弥漫性潮红和树枝状充血。弥漫性潮红是指整个眼结膜呈均匀潮红，见于各种急性热性传染病、肺炎、胃肠性腹痛病等；树枝状充血是由于小血管高度扩张、显著充盈而呈树枝状，常见于脑炎及伴有高度血液循环障碍的疾病。

2. 结膜苍白

结膜苍白是各种贫血的表现。急速发生苍白的，见于大失血、肝脾破裂等；逐渐苍白的，见于慢性消耗性疾病，如牛羊肠道寄生虫病、营养性贫血。

3. 结膜黄染

结膜黄染即结膜呈不同程度的黄色，是由于胆色素代谢障碍，致使血液中胆红素浓度增高，进而渗入组织所致，以巩膜及瞬膜处较易发现，一般为黄疸引起。引起黄疸的原因为肝脏实质的病变；胆管被结石、异物或寄生虫所阻塞；溶血性疾病如新生幼畜溶血症、血孢子虫病等。

4. 结膜发绀

结膜发绀即结膜呈蓝紫色，主要是由于血液中还原型血红蛋白的绝对值增多或含有异常血红蛋白所致，是机体缺氧的表现。结膜发绀见于肺呼吸面积减少和大循环淤血的疾病，如各型肺炎、肺气肿、创伤性心包炎、心力衰竭、中毒（如亚硝酸盐中毒）等。

5. 结膜有出血点或出血斑

结膜呈点状或斑块状出血，是因血管壁通透性增大所致。如焦虫病、血斑病、猪瘟等。

任务 4　浅表淋巴结的检查

一、常检查的浅表淋巴结

由于淋巴结体积较小并深埋在组织中，故在临床上只能检查少数淋巴结，如下颌淋巴结、肩前淋巴结、膝上淋巴结及乳房上淋巴结等。一般牛常检查浅表淋巴结，如图 2-14 所示，猪常检查腹股沟淋巴结。

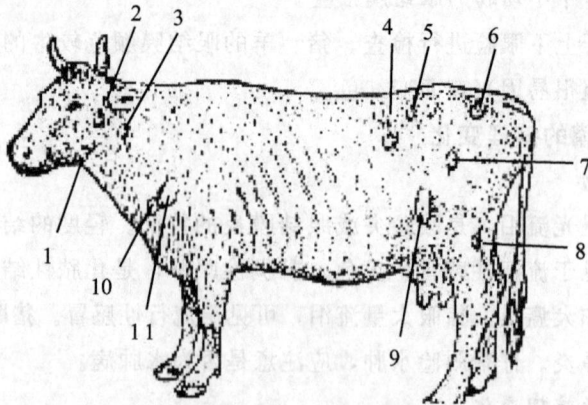

图 2-14　牛浅表淋巴结

1. 下颌淋巴结　2. 耳下淋巴结　3. 颈上淋巴结　4. 髂上淋巴结
5. 髂内淋巴结　6. 坐骨淋巴结　7. 髂外淋巴结　8. 腘淋巴结
9. 膝襞淋巴结　10. 颈下淋巴结　11. 肩前淋巴结

二、浅表淋巴结的检查方法

淋巴结的检查主要用触诊和视诊的方法进行，必要时采用穿刺检查法。主要注意其位置、形态、大小、硬度、敏感性及移动性等。

三、检查浅表淋巴结常见病理变化

（一）急性肿胀

淋巴结急性肿胀表现为淋巴结体积增大，有热痛反应，质地较硬。可见于炭疽、腺疫（图 2-15）；牛患泰勒氏焦虫病时全身淋巴结也可呈急性肿胀。

图 2-15　马腺疫颌下淋巴结肿胀

（二）慢性肿胀

淋巴结慢性肿胀表现为淋巴结多无热痛反应，质地坚硬，表面不平，移动性较差。常见于牛结核病及牛的白血病。

（三）化脓

淋巴结化脓表现为淋巴结肿胀隆起，皮肤紧张，表面被毛脱落光亮，触诊有热痛、波动感，最后破溃流脓。

任务5　体温、脉搏及呼吸数测定

一、体温测定

(一)测定部位

动物的体温一般在直肠内测量，但禽类的体温在翅膀下测量。

(二)测定方法

动物做好保定，将体温表消毒，涂润滑剂，并甩到 35 ℃以下，然后将体温表插入肛门；禽类则放在翅膀下，并用其上的夹子固定在尾根处的被毛上，经 3～5 min 后取出体温表读数。

(三)病理变化

1.体温升高

体温升高即体温超出正常标准，根据体温升高的程度可分为：

(1)微热：体温升高 0.5 ℃～1 ℃，如感冒等局限性炎症。

(2)中热：体温升高 1 ℃～2 ℃，见于呼吸道、消化道一般性炎症及某些亚急性、慢性传染病，如小叶性肺炎、支气管炎、胃肠炎及牛结核、布氏杆菌病。

(3)高热：体温升高 2 ℃～3 ℃。见于急性感染性疾病与广泛性的炎症，如猪瘟、巴氏杆菌病、败血性链球菌病、流行性感冒、大叶性肺炎、急性胸膜炎与腹膜炎等。

(4)极高热：体温升高 3 ℃以上，提示某些严重的急性传染病，如猪丹毒、炭疽、脓毒败血症以及中暑等。

2.热型变化

(1)将每日测温结果绘制成热曲线，根据热曲线特点，一般可分为稽留热、弛张热、间歇热和不定型热。

①稽留热型(图 2-16)：体温升高到一定高度，可持续数天，而且每天的温差变动范围较小，一般不超过 1 ℃。见于猪瘟、炭疽、大叶性肺炎、流行性感冒。

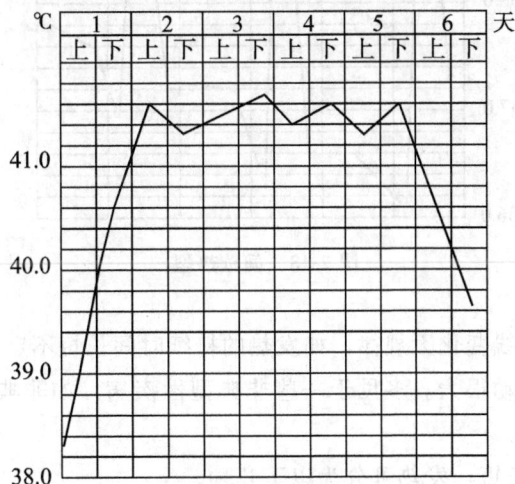

图 2-16　稽留热型

②弛张热型(图 2-17)：体温升高后，每天的温差变动范围较大，常超过 1 ℃，但体温并不降至正常。见于败血症、化脓性疾病、小叶性肺炎。

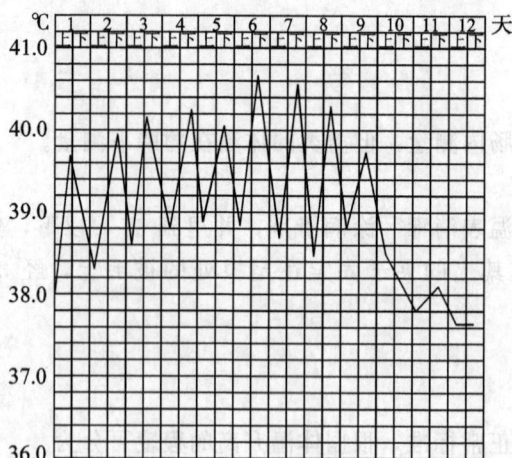

图 2-17　弛张热型

③间歇热型(图 2-18)：高热持续一定时间后，体温下降到正常温度，而后又重新升高，如此有规律地交替出现。见于慢性结核、马传贫、布氏杆菌病及梨形虫病。

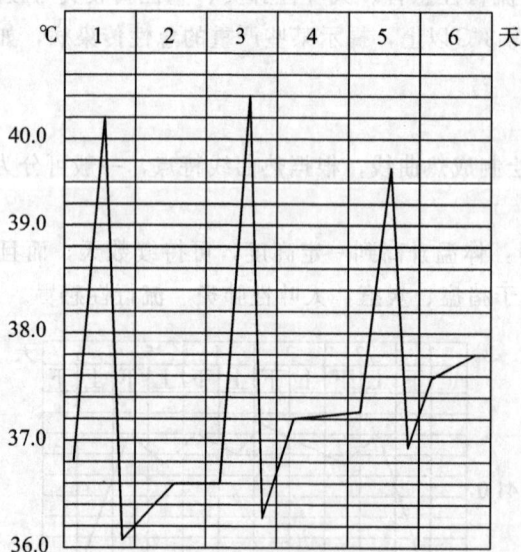

图 2-18　间歇热型

④不定型热：体温曲线变化无规律，如发热的持续时间长短不定，每天日温差变化不等，有时极其有限，有时则波动很大。多见于一些非典型性疾病，如非典型腺疫、传染性胸膜炎及慢性猪瘟。

(2)根据发热病程的长短，发热可分为以下几种。

①急性发热：一般发热期延续一周至半月，如长达 1 月有余则为亚急性发热，可见于多种急性传染病。

②慢性发热：持续数月甚至一年有余，多提示为慢性传染病，如结核、猪肺疫。

③一时性热：又称暂时性热，体温在 1 日内暂时性升高，常见于注射血清、疫苗后的一时性反应，或暂时性的消化紊乱。

3. 体温降低

体温降低即体温低于正常指标，主要见于患中枢神经系统疾病、中毒、重度营养不良、严重衰竭症、仔猪低血糖病、顽固性下痢，以及各种原因引起的大失血、陷入濒死期的病畜。

发热持续一定阶段之后则进入降热期。依据下降的特点，可分为热的渐退与骤退两种。前者表现为在数天内逐渐下降至正常体温，且病畜的全身状态亦随之逐渐改善而恢复；后者在短期内迅速降至正常体温或正常体温以下。如热骤退的同时，脉搏反而增数且病畜全身状态不见改进甚至恶化，多提示为预后不良。

(四)注意事项

测温前，应将体温表水银柱甩至 35 ℃ 以下，用酒精棉球消毒并涂以润滑剂后使用；测温时，应注意人、畜安全，通常须对病畜施行简单保定；体温计插入深度应适宜，大动物插入其全长的三分之二，小动物则不宜过深；勿将体温计插入宿粪中，应在排出积粪后进行测定；动物的正常体温，受某些因素的影响，如幼龄、运动和使役、外界环境等引起的生理性变动。

二、脉搏数的测定

(一)测定方法

应用触诊测定动脉脉搏，每分钟脉搏的次数，用"次/min"表示。牛通常检查尾动脉，兽医站在牛的正后方，左手抬起尾巴，右手拇指放于尾根背面，用食指与中指贴着尾根腹面进行测定；猪和羊可测定后肢股内侧的股动脉。

(二)病理变化

1. 脉搏增数

脉搏增数常见于热性病(热性传染病及非传染性疾病)、心脏病(如心脏衰弱、心肌炎、心包炎)、呼吸器官疾病(如大叶性肺炎、小叶性肺炎及胸膜炎)、各型贫血及失血性疾病、剧烈疼痛性疾病，以及某些毒物中毒或药物的影响(如交感神经兴奋剂)。

2. 脉搏减数

脉搏减数主要见于某些脑病(如脑脊髓炎、慢性脑室积水)、中毒(如洋地黄中毒)、胆血症(如胆道阻塞性疾病)以及危重病畜。

正常情况下，脉搏数的多少受外界温度、动物的运动及使役、年龄、性别、生产性能等多种因素的影响。如外界温度升高、动物运动及使役、幼龄、母畜、高产乳用动物等脉搏数均有所偏高。

(三)注意事项

脉搏检查应待病畜安静后进行；如无脉感，用手指轻压脉管后再放松即可感知；当脉搏过于微弱而不感于手时，可用心跳次数代替脉搏数；某些生理性因素或药物的影响，如外界温度改变、动物运动和使役时、恐惧和兴奋时、母畜妊娠后期或使用强心剂等，均可引起脉搏数改变。

三、呼吸数的测定

(一)测定方法

检查者站于病畜一侧，观察胸腹部起伏动作，一起一伏即计算为一次呼吸；在冬季寒冷时可观察呼出气流；还可对肺脏进行听诊测数。鸡可观察肛门周围羽毛起伏动作计数。呼吸次数以"次/min"表示。

（二）病理变化

1. 呼吸数增多

呼吸数增多常见于呼吸器官本身的疾病，如各型肺炎、主要侵害呼吸器官的传染病（如牛肺疫、牛结核、巴氏杆菌病、羊传染性胸膜肺炎、猪流行性感冒、猪霉形体病）、寄生虫病（如猪肺线虫病）以及多数发热性疾病、心力衰竭、贫血、腹内压增高性疾病、剧痛性疾病、某些中毒症（如亚硝酸盐中毒）等。

2. 呼吸数减少

呼吸数减少多见于颅内压明显升高（如脑水肿）、某些中毒及重度代谢紊乱及上呼吸道高度狭窄等。

（三）注意事项

宜于病畜休息后测定；必要时可用听诊肺呼吸音的次数代替呼吸数；某些因素可引起呼吸次数的增多，如外界温度过高、动物运动和使役时、母畜妊娠及兴奋等。

●●●●● 相关知识

一、各种动物正常体温及影响因素

1. 各种动物正常体温

各种动物正常体温见表 2-1。

表 2-1　各种动物正常体温

动物种类	体温（℃）	动物种类	体温（℃）
黄牛、乳牛	37.5～39.5	犬	37.5～39.0
水牛	36.5～38.5	猫	38.5～39.5
牦牛	37.6～38.5	兔	38.0～39.5
绵羊	38.5～40.0	银狐	39.0～41.0
山羊	38.5～40.5	豚鼠	37.5～39.5
猪	38.0～39.5	鸡	40.5～42.0
骆驼	36.0～38.5	鸭	41.0～43.0
鹿	38.0～39.0	鹅	40.0～41.0

2. 影响因素

首先，受某些生理因素的影响，可引起一定的生理性的体温变动。如年龄因素，6 月龄以内的犊牛，体温可达 40.0℃；2 月龄仔猪，体温可达 39.3℃～40.8℃。

其次，性别、品种、营养及生产性能等对体温的生理变动也有一定影响。如一般母畜在妊娠后期可稍高；高产乳牛比低产乳牛的体温平均高出 0.5℃～1.0℃，泌乳盛期更为明显；动物的兴奋、运动与使役，以及采食、咀嚼活动之后，体温会暂时性升高 0.1℃～0.3℃；体温昼夜的变动一般为晨温较低，午后稍高，温差变动在 1℃之内。

二、各种动物正常脉搏数

各种动物正常脉搏数见表 2-2。

表 2-2　各种动物正常脉搏数

动物种类	脉搏数(次/min)	动物种类	脉搏数(次/min)
牛	40～80	骆驼	30～60
水牛	40～60	猫	110～130
羊	60～80	犬	70～120
猪	60～80	兔	120～140
鹿	36～78	禽(心跳)	120～200

三、各种动物正常呼吸数

各种动物正常呼吸数见表 2-3。

表 2-3　各种动物正常呼吸数

动物种类	呼吸数(次/min)	动物种类	呼吸数(次/min)
黄牛、乳牛	10～30	骆驼	6～15
水牛	10～40	猫	10～30
羊	12～30	犬	10～30
猪	18～30	兔	50～60
鹿	15～25	禽(心跳)	15～30

●●●●● 项目测验

问题一：动物兴奋状态有可能是因(　　)疾病引起。

A. 肺炎　　　　　　B. 中毒　　　　　　C. 胃肠炎　　　　　　D. 消化不良

问题二：鸡马立克氏病的异常站立姿势是(　　)。

A. 两腿交叉　　　　B. 躺卧姿势　　　　C. 两腿前后叉开　　　D. 扭头曲颈

问题三：下面不是马属动物腹痛表现的症状是(　　)。

A. 前肢刨地　　　　B. 后肢踢腹　　　　C. 起卧滚转　　　　　D. 昂首嘶鸣

问题四：破伤风的典型症状是(　　)。

A. 木马状　　　　　B. 站立不起　　　　C. 瞪眼凝视　　　　　D. 犬坐姿势

问题五：猪亚硝酸盐中毒时眼结膜呈(　　)颜色。

A. 蓝紫色　　　　　B. 鲜红色　　　　　C. 黄疸　　　　　　　D. 暗红色

●●●●● 思考题

1. 眼结膜的病理变化有哪几种，分别在什么情况下出现？

2. 常见热型有哪几种，分别在哪些疾病中会出现？

●●●●● 考核评分

班级_____   学号_____   学生姓名_____   得分_____

评价项目		评价标准(考核指标解释及分值)	满分	得分
课堂评价	自我评价	能够预习所学知识，学习任务相关知识，完成习题、报告	20	
	小组评价	积极参加小组活动，团队合作意识强，组织协调能力强，能运用所学方法分析、解决问题	20	
教师评价		主动查阅资料、学习相关知识，独立完成学习任务、课堂纪律好，有较强的安全意识、节约意识、爱护动物的意识	20	
考核评价	任务完成情况评价	能运用视诊、触诊的方法按顺序进行动物全身状态的观察，并识别异常状态，对异常状态进行初步分析	10	
		能进行动物体温、脉搏、呼吸数的测定，正确读数，判断是否正常，并能对异常情况进行分析	10	
		能熟练进行动物眼结膜、浅表淋巴结检查，并对常见异常状态进行描述、分析判断	10	
	相关习题完成评价	能查阅相关资料完成习题，正确率高	10	
总分			100	

模块 3　给药技术

【知识目标】
掌握动物常用投药方法。了解动物投药的临床意义。掌握动物常用注射方法。了解动物常用注射部位。能熟练地给动物投药。能熟练对动物进行注射。

【能力目标】
能给不同动物应用不同投药方法进行投药。能给不同动物应用不同注射方法进行注射给药。会给不同动物进行补液。

【思政目标】
合理用药、科学用药，减少药物残留，发展绿色养殖。

学习任务3

给药技术

●●●●● 任务单

任务名称	学习任务3　给药技术
学习任务 情景描述	1. 小刘在奶牛场兽医助理岗位工作，今天有几头新产牛需要进行产后保健，需要胃管灌服药物、肌肉注射药物。请完成给药技术的相关内容。 　　2. 小武是动物医院诊疗室兽医助理，今天需要对就诊的病犬进行静脉注射药物处置。请完成给药技术的相关内容。 　　3. 小朱是动物疫病防治员，今天要对所负责的养殖小区进行猪瘟、羊痘疫苗的免疫注射。请完成相关免疫项目内容。
课前准备 查找资料	1. 学习给药技术的基本方法、利用学习资源查阅以下相关知识，并进行研读。 　　(1)给药的途径、注意事项。 　　(2)胃管投药技术、注意事项。 　　(3)口服投药技术、注意事项。 　　(4)肌肉、皮下、皮内、静脉、胸腔、腹腔、气管、乳房、瓣胃、皱胃注射方法。 　　(5)不同动物的输血、补液方法。 　　2. 认真研读本任务的任务描述、任务实施内容和任务要求，初步制订任务实施计划。
学习资源	1. 请扫描二维码登录超星学习通平台，加入在线课程学习。 　　2. 参考教材。 (1)《兽医临床诊断学》(第三版)，中国农业出版社，王俊东、刘宗平主编。 (2)《兽医临床诊疗技术》，中国农业大学出版社，吴敏秋主编。 (3)《兽医临床诊疗技术》(第二版)，中国农业出版社，李玉冰主编。
材料准备	牛鼻钳、项圈、嘴笼、胃管、漏斗、药匙、灌药瓶、灭菌手套、碘酊、酒精、注射器、针头、药品、止血带、采血袋、输血器、剪毛剪、镊子等。

实施步骤	1. 利用学习资源的图片、视频了解常用给药方法。 2. 在实训基地，选择牛、猪、犬若干头（只），应用所学方法对动物按要求进行给药练习。 3. 正确掌握各投药、注射项目注意事项。
任务要求	1. 能对患病动物进行给药技术操作。 2. 能根据患病动物具体情况进行给药、注射、补液、输血等操作。
任务完成 情况评价	1. 课堂评价＝自我评价（20％）＋小组评价（20％）。 2. 教师评价（20％）。 3. 考核评价（40％）。

项目 1 投药技术

任务 1 水剂投药法

一、胃管投药法

胃管投药法即将胃管经口腔或鼻腔插入胃内，再将药液经胃管投入胃内，是投服大量药液时的常用方法。多用于马，其次是牛、羊。根据马、牛个体大小，选用相应口径及长度的橡胶管。成年牛、马可用特制的胃管，其一端钝圆；马驹、羊可用大动物导尿管。

胃管使用前应用温水清洗干净，排出管内残水，钝圆端涂液状石蜡等润滑剂。

（一）牛的胃管投药法（图 3-1）

（1）将病牛在柱栏内妥善保定，胃管可从口腔或鼻腔经咽部插入食道。经口插入时，应该先给患畜戴上开口器，固定好头部，将涂以润滑油的胃管自开口器的孔内送入咽喉部。经鼻腔插入时，术者站于牛头稍右前方，用左手无名指与小指伸入左侧上鼻翼的副鼻腔，中指、食指伸入鼻腔与鼻腔外侧拇指固定内侧的鼻翼。右手持胃管将前端通过左手拇指与食指之间沿鼻中隔徐徐插入鼻腔，同时左手食指、中指与拇指将胃管固定在鼻翼边缘，以防病畜骚动时胃管滑出。

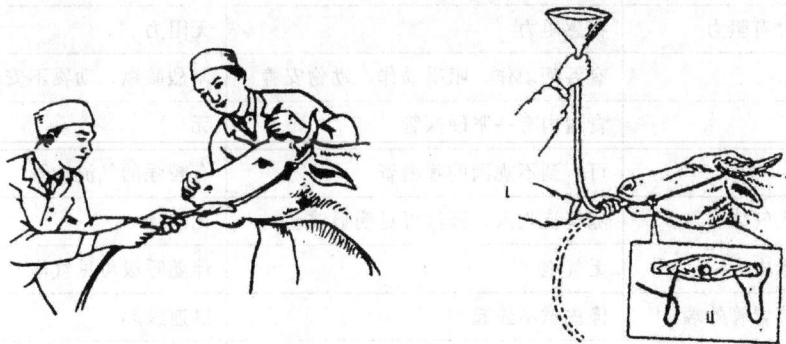

图 3-1 牛的胃管投药法

（2）当胃管前端抵达咽部后，会感触到明显阻力，术者可轻微抽动胃管，促使其吞咽，此时随病牛咽下动作将胃管插入食道。有时病畜可能拒绝不咽，推送困难，此时不要勉强推送，应稍停或轻轻抽动胃管，诱发吞咽动作，再随患畜的吞咽动作顺势将胃管插入食道。检查胃管是否正确进入食道内，可做充气检查。

（3）将胃管前端推送到颈部下 1/3 处，在胃管另端连接漏斗，即可投药。

（4）投药完毕，再灌以少量清水，冲净胃管内残留药液，而后用右手将胃管折曲一段，徐徐抽出，当胃管前端退至咽部时，以左手握住胃管与右手一同抽出。胃管用毕洗净后，放在 2% 煤酚皂溶液中浸泡消毒备用。

（5）经鼻给牛投药，胃管达到咽部时，易使前端折回口腔，而被咬碎，需注意。

（二）猪羊经鼻投药法

给猪羊经鼻投药的胃管应细，一般使用大动物导尿管即可。

（三）经鼻投药法注意事项

（1）要依据动物种类及个体大小选用相应口径及长度的胃管。胃管用前用温水清洗，置于 0.1% 的高锰酸钾溶液中浸泡消毒，排出管内残水后，前端涂润滑剂（如液状石蜡）使管壁润滑，插入或抽动胃管时要小心、缓慢，不得粗暴。

（2）当病畜呼吸极度困难时不宜用胃管，有咽炎的病畜禁用胃管投药。

（3）应确实证明胃管插入食道深部后进行灌药。如灌药后引起咳嗽、气喘，应立即停止。如灌药中因动物骚动使胃管移动、脱出时亦应停止灌药，待重新插入判断无误后再继续灌药。

（4）牛经鼻投药，胃管进入咽部或上部食道时，如发生呕吐，则应放低牛头，以防呕吐物误入气管，如呕吐物很多，则应抽出胃管，待吐完后再投。牛的食道较马的短而宽，故胃管通过食道的阻力较小。

（5）经鼻插入胃管，常因操作粗暴、反复投送、强烈抽动或管壁干燥，刺激鼻黏膜肿胀发炎，有时血管破裂引起鼻出血。在少量出血时，可将动物头部适当高抬或吊起，冷敷额部，并不断淋浇冷水。如出血过多冷敷无效时，可用大块纱布或棉球塞于一侧鼻腔，或者皮下注射 0.1% 盐酸肾上腺素 5 mL 或 1% 硫酸阿托品 1～2 mL，必要时可注射止血药乃至输血。表 3-1 为判断胃管插入食道或气管的鉴别要点。

表 3-1　判断胃管插入食道或气管的鉴别要点

鉴别方法	插入食管	插入气管
感觉胃管插入时有阻力	稍感阻力	无阻力
观察动物反应	有吞咽动作、咀嚼动作，动物安静	剧烈咳嗽，动物不安
颈沟触诊	食道内有一坚硬探管	无
胃管外端听诊	可听到不规则的呼噜音	有较强的气流冲耳
从胃管外端吹入气体	随气流吹入，颈沟可见明显波动	无波动
胃管外端浸入水中	无气泡	伴随呼吸可见气泡
捏扁的橡皮球接胃管外端	橡皮球不鼓起	迅速鼓起
胃管外端嗅诊	有胃内容物的酸臭味	无味道

（6）药物误投入呼吸道后，动物立即表现不安，频繁咳嗽，呼吸急促，鼻翼开张或张口呼

吸；继则可见肌肉震颤，出汗，黏膜发绀，心跳加快，心音增强，音界扩大；数小时后体温升高，肺部出现明显广泛的啰音，并进一步呈现异物性肺炎的症状。如灌入大量药液时，可造成动物窒息或迅速死亡。

（7）抢救措施：在灌药过程中，密切注意病畜表现，一旦发现异常，立即停止灌药并使动物低头，促进咳嗽，呛出药物。其次应用强心剂或给以少量阿托品兴奋呼吸系统，同时应大量注射抗生素制剂，直至恢复。严重者，可按异物性肺炎的疗法进行抢救。

二、经口投药法

对于多数病情危重的、饮食几乎废绝的病畜，以及食欲尚可但不愿自行采食药物的病畜，都可以用强制的方法将药物经口灌入其胃内。此法适用于液体性药物或将药物用水溶解或调成稀粥样，以及中草药的煎剂，灌服的药物一般应无强的刺激性或异味。经口投药法多用于猪、犬、猫等中小动物，其次是牛、马。投药前，要准备好灌角、橡皮瓶、小勺、药盆或注射器等。具体操作方法如下。

（一）牛经口投药法（图 3-2）

将牛保定于保定栏内站立，使用鼻钳或由助手一手握住角根和鼻中隔，使头稍抬高，固定头部。术者以灌药瓶或灌角伸入口角并送向舌的背部。此时术者抬高药瓶或灌角后部并轻轻震动，使药液流到病畜咽部，待其吞咽后继续灌服，直至灌完所有药液。

图 3-2　牛经口投药法

（二）猪经口投药法（图 3-3）

体格较小的猪（如哺乳仔猪）灌服少量药液时可用汤匙或注射器（不接针头），较大的猪若需灌服较大剂量的药液，可用胃管投服。灌药时，助手用腿夹住猪的背腰部，用手抓住两耳，将头稍向上抬起使猪的口角与眼角接近水平位置，术者用左手持木棒塞入猪嘴并将其撬开，右手用汤匙或其他灌药器从舌侧面靠颊部倒入药液，待其咽下后再接着灌，灌完为止。如猪口中含药不咽，术者可摇动木棒，以刺激其吞咽。注意事项同牛灌药时的注意事项。

图 3-3　猪经口投药法

（三）犬经口投药法

胃导管投药法：此法适用于投入大量水剂、油剂或可溶于水的流质药液。方法简单、安全可靠，不浪费药液。

投药时对犬施以坐姿保定。用开口器打开口腔，选择大小适合的胃导管，用胃导管测量犬鼻端到第八肋骨的距离后，做好记号。用润滑剂涂布胃导管前端，插入口腔从舌面缓缓地向咽部推进，在犬出现吞咽动作时，顺势将胃导管推入食管直至胃内。判定插入胃内的标志是，从胃管末端吸气呈负压，犬无咳嗽表现。然后连接漏斗，将药液灌入。灌药完毕，除去漏斗，压扁导管末端，缓缓抽出胃导管。

匙勺、竹片投药法：适用于投服少量的水剂药物、粉剂或研碎的片剂加适量水制成的稀糊状溶液或调成的泥膏状药物。投药时，对犬施以坐姿保定，助手使犬嘴处于闭合状态，犬头稍向上保持倾斜。助手用手抓住犬的上下颌，将其上下分开，术者用圆钝头的竹片刮取泥膏状药物，直接将其涂于犬的舌根部，或用小匙将稀糊状的药物倒入口腔深部或舌根上，慢慢松开手，让其自行咽下。注意一次灌入量不宜过多；每次灌入后，需待药液完全咽下后再重复灌入，以防误咽。如果所服药物为片剂或胶囊，可在助手打开口腔后，用药匙或竹片送到舌根部位，迅速合拢口腔，并轻拍下颌，以促使药物咽下。

在给犬口服药物时，动作要轻柔、缓慢，切忌粗暴、急躁，以免将药物灌入气管及肺内。对于有刺激性的水剂药物且剂量较大时，不宜采用口服法。

任务 2　混饲给药法

混饲给药法是将药物均匀地混拌在饲料中，让畜禽采食时连同药物一起食入胃内的一种给药方法。该法简便易行、节省人力，故常用于现代集约化养猪场、养禽场的预防性给药，也适合于尚有食欲的发病猪群、禽群的治疗用药。

（一）准确掌握药物拌料的浓度

按照拌料给药的标准，准确、认真计算所用药物剂量，如按动物每千克体重给药，应严格按照个体体重，计算出动物群体体重，再按要求将药物拌入料内；同时也要注意拌料用药标准与饲喂次数相一致，以免造成药量过小起不到作用或药量过大引起动物中毒。

（二）药物与饲料必须混合均匀

在大批量饲料拌药时，需多次逐步分级扩充，以达到充分混匀的目的。切忌将全部药量一次加入所需饲料中，因为简单混合会造成部分动物药物中毒而大部分动物吃不到药物，达不到防治疾病的目的或贻误病情。

（三）密切注意不良反应

有些药物混入饲料后，可与饲料中的某些成分发生拮抗作用。例如饲料中长期混合磺胺药物时，容易引起鸡维生素 B 或维生素 K 缺乏，此时就应适当补充这些维生素。

任务 3　饮水给药法

饮水给药法是将药物溶解在畜禽饮水中，让畜禽在饮水时饮入药物而发挥其药效的一种方法，常用于预防给药和治疗疾病，尤其在畜禽发病后，食欲降低而仍能饮水的情况下更为适用。

饮水给药注意事项：除拌料给药的注意事项外，还应注意以下几点。

(1)对一些在水中不容易被破坏的药物，可以加入畜禽饮水中，让畜禽长时间自由饮用，而对一些容易被破坏的药物，则要求畜禽在一定的时间内饮入定量的药物，以保证其药效。

(2)对一些不容易溶解的药物可以采用适当加热或搅拌，促进药物溶解，以达到饮水给药的目的。

任务 4　药物熏蒸法

药物熏蒸法适用于畜禽流行性感冒、支气管炎、肺炎以及某些皮肤病的治疗。

畜禽圈舍内设药物蒸汽锅，将药物加水倒入锅内，加热煮沸，让蒸汽充满室内，然后将待治疗畜禽迁入室内。每次熏蒸时间为 15～30 min。

注意事项：治疗室要密闭，面积一般以 10～12 m^2 为宜。不宜用刺激性药物，以免引起呼吸道炎症加重。

任务 5　超声波雾化疗法

超声波雾化器广泛应用于治疗上呼吸道、气管、支气管及肺部感染，对于改善呼吸道疾病症状、消炎、抗菌以及止咳祛痰具有独到的治疗功效。

使用超声波雾化器，应先将药液加入药杯中，盖紧药杯盖，再将面罩给动物戴上，或不用面罩而直接将波纹管对准动物口、鼻部。插上电源，开机即可。雾化量开关可调节出雾量大小，以不引起动物不适为宜。

注意事项：雾化药液应稍加温，以接近体温为宜。治疗中注意观察雾化管内药液消耗情况，如药液消耗过快，应及时添加。水槽内蒸馏水及雾化管内的药液均不能过少。治疗后呼吸罩和导气管要及时清洗消毒。

项目 2　注射给药技术

任务 1　注射器使用与药液抽吸

一、注射用品

（一）注射器

注射器由针管和活塞两部分组成。

(1)按其容量分为 1 mL、2.5 mL、5 mL、10 mL、20 mL、30 mL、50 mL、100 mL 等规格。

(2)按材料分为玻璃制、金属制、塑料制、塑钢制等。

(3)特殊用途注射器有装甲注射器、连续注射器、远距离吹管注射器等连续注射器。

（二）针头

针头由针尖、针梗、针栓三部分组成。注射针头按其内径大小及长短分为不同型号，主要有 $4^\#$、$4.5^\#$、$5^\#$、$5.5^\#$、$6^\#$、$6.5^\#$、$7^\#$、$8^\#$、$9^\#$、$12^\#$、$16^\#$、$20^\#$ 等规格。

（三）注射药品

消毒药为 2%～5% 碘酊、70%～75% 酒精等；注射用药根据实际处方准备。

（四）注射盘

注射盘常规放置下列物品：无菌持物钳，皮肤消毒液（2% 碘酊和 70% 乙醇），棉签或乙醇棉球，静脉注射用的止血带和止血钳。

二、药液抽吸

（一）自安瓿内吸取药液的方法（图 3-4）

将安瓿尖端药液弹至体部，用乙醇棉球消毒安瓿颈部，然后用砂轮在安瓿颈部划一锯痕，再次消毒，折断安瓿。将针头斜面向下放入安瓿内液面之下，抽动活塞吸药。吸药时手持针栓柄，不可触及针栓其他部位。

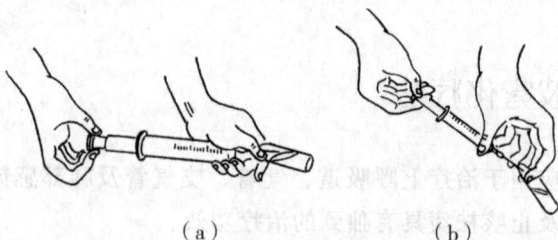

图 3-4　自安瓿内吸取药液的方法
（a）自大安瓿内吸取药液；（b）自小安瓿内吸取药液

抽毕，将针头垂直向上，轻拉针栓，使针头中的药液流入注射器内，使气泡聚集在针头处，轻推针栓，驱出气体。如注射器针头位于一侧，排气时将针头稍倾斜，使气泡集中在针头根部，用上述方法驱出气体。将安瓿套在针头上备用。

（二）自密封瓶内吸取药液的方法（图 3-5）

除去铝盖中心部分，用 2% 碘酊、70% 乙醇棉签消毒瓶盖，将针头插入瓶内，注入与所需药量等量的空气，以增加瓶内压力，避免形成负压。倒转药瓶及注射器，使针尖在液面以下，吸取所需药量。再以食指固定针栓，拔出针头，排尽空气。

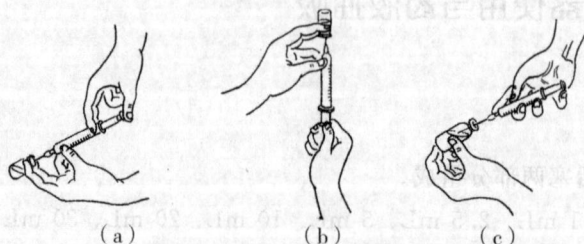

图 3-5　自密封瓶内吸取药液的方法
（a）把空气注入瓶内；（b）倒转药瓶抽吸药液；（c）固定针栓拔出针头

（三）吸取结晶、粉剂或油剂药物的方法

用无菌生理盐水或注射用水或专用溶媒将结晶、粉剂药物溶解，待充分溶解后吸取。如为混悬液，应先摇匀再吸药。油剂可先用双手对搓药瓶后再抽吸。油剂及混悬剂抽吸时应选用稍粗的针头。

三、注射给药注意事项

（一）应按动物的种类、注射方法和剂量的不同，选择合适的注射器与针头

检查注射器有无破损，针头和针管、活塞是否适合，金属注射器的橡胶垫是否老化，松紧度的调节是否适宜，针尖是否锐利、通畅，与注射器的连接是否严密等。所有注射器械在使用前都必须清洗干净并进行消毒（煮沸或高压蒸汽灭菌）。塑料制注射器为一次性使用。

（二）严格遵守无菌操作原则，防止感染

注射前须洗手、戴口罩。对被毛浓厚的动物，可先剪毛。用棉球蘸 2% 碘酊消毒注射部位，以注射点为中心向外螺旋式旋转涂擦，待碘酊干后，用 70% 乙醇以同法脱碘，待干后方可注射。

（三）认真执行查对制度，做好三查七对

三查：操作前查、操作中查和操作后查；七对：核对畜主姓名、动物、药名、剂量、浓度、时间、用法。

（四）检查药液质量

如药液变色、沉淀、混浊，药物有效期已过或安瓿有裂缝，均不能使用。多种药物混合注射时则需注意配伍禁忌。

（五）根据药液量、黏稠度及刺激性强弱选择注射器和针头

注射器须完好无损、不漏气。针头应锐利、无钩、无弯曲，注射器和针头衔接紧密。

（六）选择合适的注射部位，防止损伤神经和血管

不能在炎症、硬结、瘢痕及皮肤病处进针。应注意不同种属的动物，其注射部位的不同。

（七）注射药物按规定时间现配现用

临用时抽取，以防药物效价降低或污染。

（八）注射前须排尽注射器内空气

为防空气进入形成空气栓子，应在注射前排尽注射器内的空气，排空时应防止药物浪费。

（九）进针后，推进药液前，应抽动活塞，检查有无回血

静脉注射时须见有回血后方可注入药液。皮下、肌肉注射时，如发现有回血，则应拔出针头重新进针，切不可将药液注入血管内。

（十）运用无痛注射技巧

首先，要分散动物的注意力，采取适当的体位，使其肌肉松弛。其次，注射时做到"二快一慢"，即进针和拔针快，推注药液慢，但对骚动不安的动物应尽可能在短时间内注射完毕。再次，对刺激性强的药物，针头宜粗长，进针宜深，以防疼痛和形成硬结。最后，同时注射多种药物时，先注射无刺激性或刺激性弱的药物，后注射刺激性强的药物；如注射一种药物量大时，应采取分点注射。

任务 2　静脉内注射给药

一、准备

(1)静脉注射或输液的用品包括注射盘、注射器及针头、瓶套、开瓶器、止血带、血管钳、胶布、剪毛剪、无菌纱布、药液、输液卡、输液架。

(2)根据注射用量可配备 50～100 mL 注射器及相应的注射针头或连接乳胶管的针头。大量输液时则应分别使用 250 mL、500 mL、1 000 mL 输液瓶，并以乳胶管连接针头，在乳胶管中段装以滴注玻璃管或乳胶管夹子，以调节滴数，掌握其注入速度。采用一次性输液器则更为方便。

(3)注射药液的温度要尽可能地接近体温。使用输液瓶时，输液瓶的位置应高于注射部位。

二、操作方法

(一)牛的静脉内注射

1. 颈静脉注射法(图 3-6)

(1)保定。

(2)剪毛消毒。

(3)牛的颈静脉位于颈静脉沟内，牛的皮肤较厚且敏感，不易穿透，一般应用突然刺针的方法进针。注射者用左手压迫颈静脉的近心端(靠近胸腔入口处)，或者用绳索勒紧颈下部，使静脉回流受阻而怒张。确定注射部位后(颈静脉的下 1/3 与中 1/3 的交界处的颈静脉)，右手持针头用腕力迅速地垂直刺入皮肤及血管，若见到有血液流出，表明已将针头刺入颈静脉中，再沿颈静脉走向稍微向前送入，固定好针头后，连接注射器或输液瓶的胶管，即可注入药液。

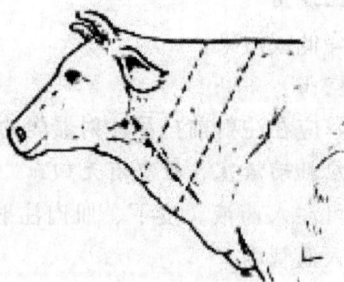

图 3-6　牛颈静脉注射

(4)注射完毕，一手拿灭菌棉球紧压针孔处，另一手迅速拔针并按压片刻。

2. 尾静脉注射法

(1)保定。

(2)剪毛消毒。

(3)注射者一手举起牛尾，使它与背中线垂直，另一手持注射器在尾腹侧中线，垂直于尾纵轴进针至针头稍微触及尾骨(在近尾根的腹中线处)，进针部位根据动物大小不同而变化，一般距肛门 10～20 cm。抽吸注射器判断有无回血，如有回血即可注射药液或采血。如果无回血，可将针退出 1～5 mm，并再次用上述方法鉴别是否刺入。

（4）注射完毕，一手拿灭菌棉球紧压针孔处，另一手迅速拔针并按压片刻。

（5）牛的尾静脉注射法适用于小剂量的给药和采血，可代替颈静脉穿刺法，且尾部抽血可减轻患牛的紧张程度，避免牛吼叫和过度保定，操作简便快捷。

（二）犬的静脉内注射

1. 前臂皮下静脉（也称头静脉）注射法（图 3-7）

（1）保定：犬可侧卧、伏卧或站立保定，助手或犬主人从犬的后侧握住犬的肘部，使皮肤向上牵拉和静脉怒张，也可用止血带或乳胶管结扎，使静脉怒张。

（2）剪毛消毒。

（3）注射：操作者位于犬的前面，注射针由近腕关节 1/3 处刺入静脉，当确定针头在血管内后，针头连接管处见到回血，再顺静脉管进针少许，以防犬骚动时针头滑出血管；松开止血带或乳胶管，即可注入药液，并调整输液速度。静脉输液时，可用胶布缠绕固定针头。注射完毕，以干棉签或棉球按压穿刺点，迅速拔出针头，局部按压或嘱畜主按压片刻，防止针孔出血。

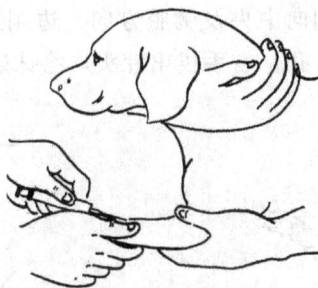

图 3-7　犬前臂皮下静脉（也称头静脉）注射法

2. 后肢外侧小隐静脉注射法（图 3-8）

（1）保定：犬侧卧保定，固定好头部。

（2）剪毛消毒。

（3）注射：用乳胶带绑在犬股部，或由助手用手紧握股部，使静脉怒张。操作者位于犬的腹侧，左手从内侧握住下肢以固定静脉，右手持注射针由左手指端处刺入静脉。

3. 后肢内侧面大隐静脉注射法

此静脉在后肢膝部内侧浅表的皮下。助手将犬背

图 3-8　后肢外侧小隐静脉注射法

卧后固定，伸展后肢向外拉直，暴露腹股沟，在腹股沟三角区附近，先用左手中指、食指探摸股动脉跳动部位，在其下方剪毛消毒；然后右手持针头，针头由跳动的股动脉下方直接刺入大隐静脉管内。注射方法同前述的后肢外侧小隐静脉注射法。

（三）猪的静脉内注射

1. 耳静脉注射法

（1）保定：猪站立或侧卧保定。

（2）局部消毒。

(3)注射：一人用手压住猪耳背面耳根部静脉管处，使静脉怒张，或用酒精棉反复涂擦，并用手指头弹扣，以引起血管充盈。术者用左手把持耳尖，并将其托平；右手持连接注射器的针头或头皮针，沿静脉管的径路刺入血管内，轻轻抽动针筒活塞，见有回血后，再沿血管向前进针。松开压迫静脉的手指，术者用左手拇指压住注射针头，连同注射器固定在猪耳上，右手徐徐推进针筒活塞或高举输液瓶即可注入药液。注射完毕，左手拿灭菌棉球紧压针孔处，右手迅速拔针。为了防止血肿或针孔出血，应压迫片刻，最后涂擦碘酊。

2. 前腔静脉注射法(图 3-9)

此方法用于大量输液或采血。

(1)保定：猪站立或仰卧保定。

(2)注射：选用 7～9 号针头，术者拿连接针头的注射器，稍斜向中央刺向第 1 肋骨间胸腔入口处，边刺入边抽动注射器活塞或内管，见有回血时，标志已刺入前腔静脉内，即可徐徐注入药液。取仰卧保定时，胸骨柄可向前突出，并于两侧第 1 肋骨结合处的直前侧方呈两个明显的凹陷窝，用手指沿胸骨柄两侧触诊时感觉更明显，多在右侧凹陷窝处进行注射。先固定好猪两前肢及头部，消毒后，术者持连接针头的注射器，由右侧沿第一肋骨与胸骨结合部前方的凹陷窝处刺入，并稍斜刺向中央及胸腔方向，边刺边回抽，见回血后，即可注入药液，注完后左手持酒精棉球紧压针孔，右手拔出针头，涂抹碘酊消毒。

图 3-9　猪前腔静脉注射法

三、静脉注射给药注意事项

(1)严格遵守无菌操作规定，对所有注射用具及注射部位，均应严格消毒。

(2)动物确实保定，看准脉管并明确注射部位后再扎入针头，避免多次扎针引起血肿。

(3)检查针头是否通畅，如针孔被组织块或血凝块堵塞时，应及时更换针头。

(4)注入药液前应排出注射器或输液胶管中的气泡，严防将气泡注入静脉。

(5)针头刺入静脉后，要再顺静脉方向进针 1～2 cm，连接输液管后使之固定。

(6)对所需注射的药品质量(如有无杂质、沉淀等)应严格检查，不同药液混合使用时要注意配伍禁忌。对组织刺激性强或有腐蚀性的药液要严禁漏出血管外，油类制剂禁止进行静脉注射。

(7)给动物补液时，速度不要过快，大家畜以每分钟 30～60 mL 为宜，犬、猫等小动物以每分钟 25～40 滴为宜。药液在注入前应保证其温度接近动物体温。

(8)输液过程中，要随时注意观察动物的表现，如有不安、出汗、呼吸困难、肌肉震颤等症状时，应立即停止注射，待查明原因后再行处置。

(9)要随时观察药液注入情况，当发现输入液体突然过慢或停止以及注射局部明显肿胀时，应查看输液管中是否回血。如针头已滑出血管外，则应重新刺入。

四、静脉注射时药液外漏的处理办法

当发现药液外漏时，应立即停止注射，并根据不同的药液采取如下措施进行处理。

(1)如果是等渗溶液(如生理盐水或等渗葡萄糖)，一般能很快自然吸收，不必做任何处理；如果是高渗盐溶液，则应向肿胀局部及其周围注入适量的灭菌蒸馏水，以稀释原液。

(2)如果是刺激性强或有腐蚀性的药液，则应向肿胀局部及其周围组织内注入生理盐水；如果是氯化钙溶液，可注入10％硫酸钠或10％硫代硫酸钠10～20 mL，使氯化钙变为无刺激性的硫酸钙和氯化钠。

(3)局部可用25％～50％硫酸镁溶液浸湿纱布进行湿敷，以缓解疼痛。

(4)如果是大量药液外漏，应做早期切开，并用高渗硫酸镁溶液引流。

任务3　肌肉注射给药

肌肉注射是将药物注入肌肉内的注射方法。凡肌肉丰厚的部位，均可以进行肌肉注射。

一、应用

肌肉内血管丰富，药液吸收较快。由于肌肉内的感觉神经较少，疼痛轻微。因此，刺激性较强和较难吸收的药液，进行血管内注射而有副作用的药液，油剂、乳剂等不能进行血管内注射的药液，为了缓慢吸收、持续发挥作用的药液等，均可采用肌肉内注射。但由于肌肉组织致密，仅能注射较少量的药液。

二、部位

大动物与犊、驹、羊、犬等的肌肉注射部位多在颈侧及臀部股前部；猪在耳根后、臀部或股内侧(图3-10)；禽类在胸肌部或大腿部。但应避开大血管及神经径路的部位。

图3-10　猪的肌肉注射部位

三、方法

根据动物种类和注射部位不同，选择大小适当的注射针头，犬、猫一般选用7号针头，猪、羊选用12号针头，牛、马选用16号针头。

(1)动物适当保定，局部常规消毒处理。

(2)左手的拇指与食指轻压注射局部，右手持注射器，使针头与皮肤垂直，迅速刺入肌肉内。一般刺入2～3 cm，小动物刺入深度酌减，而后用左手拇指与食指握住露出皮外的针头结合部分，以食指指节顶在皮上，再用右手抽动针管活塞，观察无回血后，即可缓慢注入药液。如有回血，可将针头拔出少许再行试抽，直至见无回血后方可注入药液。注射完毕，用左手持酒精棉球压迫针孔部，迅速拔出针头。

四、注意事项

(1)肌肉内注射由于吸收缓慢，能长时间保持药效，维持血药浓度。

(2)肌肉比皮肤感觉迟钝，因此注射具有刺激性的药物，不会引起剧烈疼痛，但对强刺激

性药物如钙制剂、浓盐水等不宜做肌肉注射。

（3）由于动物的骚动或操作不熟练，为避免注射针头或玻璃或塑料注射器的接合头折断，应使用一次性注射软管连接。

（4）长期进行肌肉注射的动物，注射部位应交替更换，以减少硬结的发生。

任务4　皮内注射

皮内注射是将药液注入表皮与真皮之间的注射方法，主要用于诊断。

一、应用

皮内注射与其他治疗注射相比，其药液的注入量少，所以不用于治疗。主要用于如牛结核、副结核、牛肝蛭病、马鼻疽等，某些疾病的变态反应诊断，或做药物过敏试验，以及炭疽疫苗、绵羊痘苗等的预防接种。一般仅在皮内注射药液、疫苗或菌苗 $0.1\sim0.5$ mL。

二、准备

小容量注射器或 $1\sim2$ mL 特制的注射器与短针头。

三、部位

根据不同动物可选择在颈侧中部或尾根内侧。

四、方法

按常规消毒，排尽注射器内空气，左手绷紧注射部位，右手持注射器，针头斜面向上，与皮肤呈 $5°$ 角刺入皮内（图 3-11）。待针头斜面全部进入皮内后，左手拇指固定针柱，右手推注药液，局部可见一半球形隆起，俗称"皮丘"。注射完毕，迅速拔出针头，术部轻轻消毒，但应避免压挤局部。

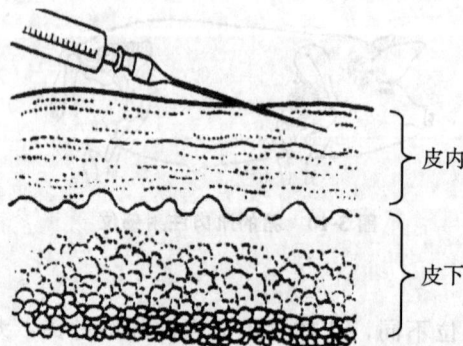

图 3-11　皮内注射的进针角度

注射正确时，可见注射局部形成一半球状隆起，推药时感到有一定的阻力，如误入皮下则无此现象。

五、注意事项

（1）注射部位一定要认真判定准确无误，否则将影响诊断和预防接种效果。

（2）进针不可过深，以免刺入皮下，应将药物注入表皮和真皮之间。

（3）拔出针头后注射部位不可用棉球按压揉擦。

任务 5 皮下注射

皮下注射是将药物注射到皮下结缔组织内，经毛细血管、淋巴管吸收进入血液，以发挥药效，而达到防治疾病的目的。

一、准备

根据注射药量多少，可用 2 mL、5 mL、10 mL、20 mL、50 mL 的注射器及相应针头。当抽吸药液时，先将安瓿封口端用酒精棉消毒，并随时检查药品名称及质量。

二、部位

多选在皮肤较薄、富有皮下组织、活动性较大的部位。大动物多在颈部两侧；猪在耳根后或股内侧；羊在颈侧、背胸侧、肘后或股内侧；犬、猫在背胸部、股内侧、颈部和肩胛后部；禽类则多在翼下。

三、方法

（一）药液的吸取

首先用酒精棉球消毒盛药液的瓶口，然后用砂轮切掉瓶口的上端，再将连接在注射器上的注射针插入安瓿的药液内，慢慢抽拉内芯。当注射器内混有气泡时，必须把它排出。此时注射针要安装牢固，以免脱掉。

（二）消毒

注射局部首先进行剪毛、清洗、擦干，除去体表污物。注射时，要切实保定患畜，对术者的手指及注射部位进行消毒。

（三）注射

注射时，术者左手中指和拇指捏起注射部位的皮肤，同时用食指尖下压使其呈皱褶陷窝，右手持连接针头的注射器，针头斜面向上，从皱褶基部陷窝处与皮肤呈 30°～40°角，刺入针头的 2/3，并根据动物体型的大小，适当调整进针深度，此时如感觉针头无阻抗，且能自由活动针头，左手把持针头连接部，右手抽吸无回血即可推压针筒活塞注射药液。如需注射大量药液，则应分点注射（图 3-12）。注完后，左手持干棉球按住刺入点，右手拔出针头，局部消毒。必要时可对局部进行轻轻按摩，促进吸收。当要注射大量药液时，应利用深部皮下组织注射，这样可以延缓吸收并能辅助静脉注射。

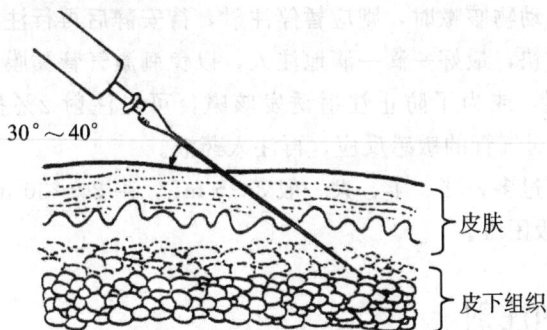

图 3-12 皮下注射的进针角度

凡是易溶解、无强刺激性的药品及疫苗、菌苗、血清、抗蠕虫药（如伊维菌素）等，某些局部麻醉，不能口服或不宜口服的药物，以及要求在一定时间内发生药效时，均可做皮下注射。

刺激性强的药品不能做皮下注射，特别是对局部刺激较强的钙制剂、砷制剂、水合氯醛及高渗溶液等，易诱发炎症，甚至组织坏死。

任务6　气管内注射

气管内注射是指将药液注入气管内，使药物直接作用于气管黏膜的注射方法。

一、应用

适用于气管及肺部疾病的治疗。临床上常将抗生素注入气管内治疗支气管炎和肺炎、驱肺脏的虫，注入麻醉剂以治疗剧烈的咳嗽。

二、部位

根据动物种类及注射目的不同而注射部位不同。一般在颈部上 1/3 处，腹侧面正中，两个气管软骨环之间进行注射(图 3-13、图 3-14)。

图 3-13　牛气管注射　　　　　图 3-14　猪气管注射

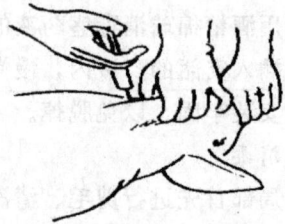

三、方法

(1)动物仰卧、侧卧或站立保定，使前躯稍高于后躯，局部剪毛消毒。

(2)术者一手持连接针头的注射器，另一手握住气管，于两个气管软骨环之间，垂直刺入气管内，此时摆动针头，感觉前端空虚，再缓缓滴入药液。

(3)注射完后拔出针头，涂擦碘酊消毒。

四、注意事项

(1)注射前宜将药液加温至与畜体同温，以减轻刺激。

(2)注射过程中如遇动物咳嗽时，则应暂停注射，待安静后再行注入。

(3)注射速度不宜过快，最好一滴一滴地注入，以免刺激气管黏膜，咳出药液。

(4)如病畜咳嗽剧烈，或为了防止注射诱发咳嗽，可先注射 2% 盐酸普鲁卡因溶液 2～5 mL(大动物)后，降低对气管的敏感反应，再注入药液。

(5)注射药液量不宜过多，猪、羊、犬一般 3～5 mL，牛 20～30 mL。量过大时，易由于发生气管阻塞而引起呼吸困难。

任务7　胸腔内注射

胸腔内注射也称胸膜腔内注射，是将药液或气体注入胸膜腔内的注射方法。注入胸腔的药物吸收较快，对胸腔炎症疗效显著。同时通过排出积液、气体或冲洗，会使病情减轻。因此，本法对于治疗胸腔内出血、胸腔积液、胸腔积气等病症疗效显著。应注意胸腔内有心脏和肺脏，注射或穿刺时容易误伤。

一、部位

牛、羊在右侧第 5～6 肋间，左侧第 6 肋间；马在右侧第 6～7 肋间，左侧第 7～8 肋间；猪在右侧第 5～6 肋间，左侧第 6 肋间；犬、猫在右侧第 6 肋间或左侧第 7 肋间。各种动物都是在与肩关节水平线相交点下方 2～3 cm，即胸外静脉上方沿肋骨前缘刺入。大动物取站立姿势，小动物以犬坐姿势为宜。

二、准备

注射器材：大动物用 20 号长针头，小动物用 6～8 号针头，并分别连接于相应的针管上。为排出胸腔内的积液或洗涤胸腔，通常要使用套管针。一般根据动物的大小或治疗目的来选用器材。

三、方法

(1)动物站立保定，术部剪毛消毒。

(2)术者左手将穿刺部位皮肤稍向前方移动 1～2 cm；右手持连接针头的注射器，沿肋骨前缘垂直刺入，深度 3～5 cm，具体可依据动物个体大小及营养程度确定。

(3)刺入注射针时，一定注意不要损伤胸腔内的脏器，注入的药液温度应与体温相近。在排出胸腔积液、注入药液或气体时，必须缓慢进行，并且要密切注意病畜的反应。

(4)注入药液后，拔出针头，使局部皮肤复位，并进行消毒处理。

任务 8　腹腔内注射

腹腔内注射是利用药物的局部作用和腹膜的吸收作用，将药液注入腹腔内的一种注射方法。

一、应用

当静脉不方便输液时可用本方法。腹腔注射小动物应用较广，如猪、犬、猫的腹腔补液。本法也可用于腹水的治疗，利用穿刺排出腹腔内的积液，用以冲洗腹腔，治疗腹膜炎。

二、部位

牛、马都在右侧胁窝部；犬、猪、猫在两侧后腹部；猪在第 5、6 乳头之间，腹下静脉和乳腺中间也可进行(图 3-15)。

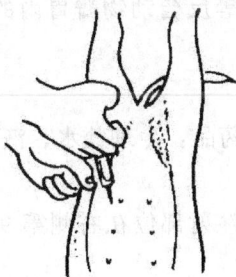

图 3-15　猪的腹腔内注射

三、方法

（1）单纯为了注射药物，牛可选择肷部中央；如有其他目的则可依据腹腔穿刺法进行。

（2）给犬、猪、猫注射时，先将其两后肢提起，做倒立保定；局部剪毛消毒。

（3）术者一手把握腹侧壁，另一手持连接针头的注射器，在距耻骨前缘3～5 cm处的中线旁，垂直刺入。刺入腹腔后，摇动针头有空虚感时，即可注射。

（4）注入药液后，拔出针头，使局部皮肤复位，并进行消毒处理。

任务9　瘤胃内注射

一、应用

主要用于牛、羊瘤胃臌气的止酵及瘤胃炎症的治疗。

二、准备

套管针或盐水针头（羊一般可选用较长的14～16号肌肉注射针头）、手术刀、剪毛剪及常规消毒药品。

三、部位

侧腹部髋结节与最后肋间连线的中央，即肷窝部位。

四、方法

动物站立保定，术部剪毛、消毒。若选用套管针，术者右手持套管针对准穿刺点，呈45°角迅速用力刺入瘤胃10～20 cm，左手固定套管针外套，拔出内芯，此时用手堵住针孔，频频间歇性放出气体。待气体排完后，再行注射。如中途堵塞，可用内芯疏通后注射药液（常用止酵剂有鱼石脂酒精、1％～2.5％福尔马林、1％来苏尔、植物油、松节油等）。无套管针时，手术刀在术部切开1 cm小口后，再用盐水针头（羊不必切开皮肤）刺入。注射完毕，对术部进行消毒处理；视情况套管针可暂时保留，以便下次重复注射用。

五、注意事项

放气不宜过快，以防止脑贫血的发生。反复注射时，应防止术部感染。拔针时要快，以防瘤胃内容物漏入腹腔引发腹膜炎。

任务10　瓣胃内注射

瓣胃内注射是将药液注入牛、羊等反刍动物瓣胃内的注射方法。使瓣胃内容物软化，主要用于瓣胃阻塞。

一、准备

15 cm长针头，注射器，注射用药品：生理盐水、液状石蜡、25％硫酸镁、植物油等。

二、部位

瓣胃位于右侧第7～10肋间，其注射部位在右侧第9肋间与肩关节水平线相交点的下方2～3 cm处（图3-16）。

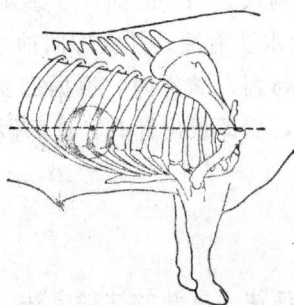

图 3-16 牛瓣胃注射的位置

三、方法

术者左手稍移动皮肤，右手持针头垂直刺入皮肤后，使针头朝向左侧肘头左前下方，刺入深度 8~10 cm（羊稍浅），先有阻力感，当刺入瓣胃内则阻力减小，并有沙沙感。此时注入 20~50 mL 生理盐水，再回抽如混有食糜或胃内容物时，即为正确。可开始注入所需药物（如 25%~30%硫酸镁；生理盐水；液状石蜡等）。

注射完毕，迅速拔出针头，术部擦涂碘酊，也可用碘仿和火棉胶封闭针孔。

任务 11 皱胃注射

皱胃注射是将针头直接刺入反刍动物皱胃内，直接向皱胃内注射药液进行治疗的一种给药方法，主要用于治疗某些皱胃疾病如皱胃阻塞。兽医临床上也经常进行皱胃穿刺，抽取其内容物进行检验，用于皱胃阻塞或皱胃变位的诊断。

一、准备

15 cm 长针头，注射器，注射用药品：生理盐水、液状石蜡、25%硫酸镁、植物油等。

二、部位

牛的皱胃位于右腹部第 9~11 肋间的肋骨弓区，当发生皱胃阻塞时，此区域出现局限膨大，可作为刺入部位（右侧第 11~13 肋骨下缘）（图 3-17）；当发生皱胃变位时，左侧肋弓处突起明显，叩诊时发出高亢的叩击钢管音，可选择此处进行穿刺，抽取液体进行诊断。

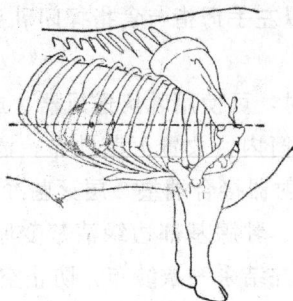

图 3-17 牛皱胃注射的位置

三、方法

动物站立保定或左侧卧保定，局部剪毛、消毒。术者持 16~18 号长针头，先刺穿皮肤，调整针头使其朝向对侧肘突方向，刺入 5～8 cm 时，手感刺入坚实物，此时可以连接注射器，向内注入少量(50～100 mL)生理盐水注射液，并立即回抽之，如见回抽液中混有食糜或胃内容物，pH 为 1～4，表明针头已准确刺入皱胃内，根据需要可以抽取皱胃内容物进行实验室检验，也可以注入所需药物。之后，立即拔出针头，局部做消毒处理。

任务 12　乳房内注射

乳房内注射是指经导乳管将药液注入乳池的注射方法，主要用于治疗奶牛、奶山羊乳房炎，或通过导乳管送入空气，治疗奶牛生产瘫痪。

一、准备
导乳管(或尖端磨得光滑钝圆的针头)、50～100 mL 注射器或输液瓶、乳房送风器及药品。动物站立保定。挤净乳汁，清洗乳房并拭干，用 70％酒精消毒乳头。

二、方法
(1)用左手将乳头握于掌内，轻轻向下拉，右手持消毒导乳管，自乳头口徐徐插入。

(2)再以左手把握乳头及导乳管，右手持注射器与导乳管连接，或将输液瓶的乳胶导管与导乳管连接，然后徐徐注入药液(图 3-18)。

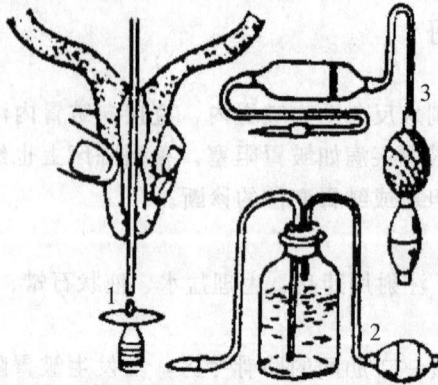

图 3-18　乳房注射法
1. 插入导乳管；2. 注药瓶；3. 乳房送风器

(3)注射完毕，拔出导乳管，以左手拇指与食指捏闭乳头开口，防止药液外流。右手按摩乳房，促进药液充分扩散。

(4)如治疗产后瘫痪需要送风时，可使用乳房送风器，或 100 mL 注射器及消毒后使用打气筒送风。送风之前，在金属滤过筒内，放置灭菌纱布，滤过空气，防止感染。先将乳房送风器与导乳管连接，或 100 mL 注射器接合端垫 2 层灭菌纱布与导乳管连接。4 个乳头分别充满空气，充气量以乳房的皮肤紧张、乳腺基部边缘清楚变厚、轻敲乳房发出鼓音为标准。充气后，可用手指轻轻捻转乳头肌，并结系一条纱布，防止空气逸出，经 1 h 后解除。

(5)为了注入药液洗涤乳房时，可将洗涤药剂注入后，随后挤出，如此操作，反复数次，直至挤出的液体透明为止，最后注入抗生素溶液。

项目 3 补液及输血疗法

任务 1 补液疗法

一、口服补液

对脱水程度度轻、尚有饮欲或消化道功能基本正常的动物，应尽可能口服补液。

二、静脉注射补液法

为最常用的方法，适用于严重的电解质和酸碱平衡紊乱的急性病例。注射部位及方法可参照"静脉注射法"，其作用迅速，效果确实，但要注意一次输入量不宜过多，大动物每次输入 1 000～3 000 mL，中等动物每次输入 500～1 500 mL，小动物每次输入 50～300 mL，必要时可多次反复补给。

三、腹腔注射补液法

腹膜的面积大，吸收能力强，且腹腔能容纳大量药液，一般无刺激性的等渗溶液，尤其对于猪、犬等小动物静脉注射有困难时，可通过腹腔注射来进行。

四、皮下注射补液法

适用于小动物和幼龄动物，可通过皮下分点注射的方法进行补液。

五、直肠补液法

温水、钠离子、钾离子、氯离子均可经直肠较好地吸收。如果直肠内存在宿粪应先清理后再给药。操作完成后，可将塞肠器保留 15～20 min 后取出，以防液体流出。

● ● ● ● **相关知识**

动物体液平衡发生紊乱时，由静脉输入不同成分和数量的溶液进行纠正，这种治疗方法称为补液疗法。补液疗法具有调节体内水和电解质平衡，补充微量循环，维持血压，中和毒素，补充营养物质等作用，对机体疾病的康复起重要作用。对饮食欲及胃肠吸收功能较好的病畜，可经口饮给足量的水和盐水，或口服补液盐（ORS 液，由葡萄糖 20 g，氯化钠 3.5 g，碳酸氢钠 2.5 g，氯化钾 1.5 g，加水 1 000 mL 组成）。必要时可通过灌肠的方法补给。对饮食欲一般或较差的病畜，常采用注射法补液。临床上在进行补液时首先要补足有效的循环血量，因为血容量不足，不但组织的缺氧无法纠正，而且肾脏也会因为缺血而不能恢复正常的功能，代谢产物无法排出；同时还应考虑纠正酸碱平衡失调，纠正酸碱中毒。临床一般是用生理盐水、不同浓度的葡萄糖溶液、复方氯化钠、全血、血浆、6%右旋糖酐、5%碳酸氢钠、10%氯化钾溶液、10%氯化钙溶液等。

一、应用范围

（1）各种原因引起的脱水（伴有严重腹泻或呕吐、大出汗等）、大出血、休克以及某些发热性疾病或败血症等。

（2）饮食废绝的患畜或各种原因引起的营养衰竭，因生理消耗水分仍在继续，如果不及时补液，极易造成脱水。

（3）各种原因引起的酸碱平衡紊乱，都需要用输液的方法进行纠正。

（4）中毒性疾病（动物毒素中毒、植物毒素中毒、有毒元素及矿物中毒、细菌内毒素中毒、有毒气体中毒等），输液可以防止水、电解质代谢紊乱，促进毒素排泄，增强机体的抵抗力。

（5）某些抗生素、合成抗菌药、血管扩张药、升压药和肾上腺皮质激素等，使用时需要加在某些溶液中静脉给药。

（6）某些较大的外科手术的术前、术后和烧伤时，需输入某些溶液，以防止水、电解质代谢紊乱，促进动物麻醉后的苏醒，补充能量。

二、补液原则

应根据病畜的具体情况，缺什么，补什么（缺水补水，缺盐补盐）；缺多少，补多少。为此，必须根据病畜的临床检查和必要的实验室检验，综合所有症状，做出明确的判断，制定合理的治疗方案。

（一）水、钠代谢紊乱的补液疗法

1. 高渗性脱水（以失水为主）

动物患咽炎、咽麻痹、食道梗塞、破伤风等疾病可引起机体饮水不足或咽下困难，由于进入动物机体内水量减少而畜体仍通过呼气、汗液、尿、粪便不断排出水分，所以造成失水多、失钠少的以失水为主的脱水。其临床表现为：口腔极为干燥，饮欲增加，尿少而浓缩，尿的比重增高，血液不浓稠或变化不大，病畜体温升高，运动失调，甚至出现昏迷。

对高渗性脱水，应以补水为主，盐和水的比例为1∶2（即1份生理盐水，2份5％葡萄糖液）。

2. 低渗性脱水（以失盐为主）

动物严重腹泻、反复呕吐、大面积烧伤或在中暑、急性过劳时全身大出汗，导致体液大量丧失后，如果补液不当或仅饮大量的水而不补盐，则会造成失盐多、失水少的以失盐为主的低渗性脱水。患畜的临床表现为：口腔湿度变化不大，无渴感，尿量多，血液很快浓缩。病畜疲乏无力，皮肤弹力极差，眼球下陷，循环衰竭。

对低渗性脱水，应以补充盐类为主，盐和水的比例为2∶1（即2份生理盐水，1份5％葡萄糖液）。

3. 等渗性脱水（混合性脱水）

动物患急性胃肠炎时的腹泻、呕吐、剧烈而持续的腹痛、大出汗后或低渗性脱水而无水补充时均能导致等渗性脱水。其临床表现为：口腔干燥，口渴欲饮，尿量减少，血液浓稠，严重时因微循环障碍，有效循环血量减少而导致休克。

患病动物经不同途径丧失体液的量不同，丧失体液的质也不一样，因此，纠正脱水，不光要着眼于脱水的数量，更应注意到丧失体液的质量，才能够使补液更合理，效果更佳。不同途径丧失体液的组成与参考补液药物详见表3-2。

表3-2 经各途径损失体液的组成及临床补液药物的选择

液体	呕吐物	腹泻物	第三腔隙液
钠离子	60（30～90）	115（80～150）	
钾离子	15（5～25）	17（5～30）	各种成分与
氯离子	120（90～140）	70（40～100）	血浆相同
碳酸氢根	0（0）	80（60～110）	
选择药物	林格氏液	乳酸林格、碳酸氢钠	乳酸林格

注：数字的单位为 mEq/L。

4. 确定补液量

(1)按红细胞压积容量来判定脱水程度及确定补液量的简易方法(表 3-3)。

表 3-3　红细胞压积容量与脱水、补液量的关系

红细胞压积(%)	脱水程度	脱水占体重的比值(%)	补液量(L/500 kg 体重)
45	轻度	5	25
50	中度	7	35
55	重度	9	45
60	极度	12	60

注：根据美国第 21 届兽医协会年会(1975 年)资料整理。

(2)测定红细胞压积容量来计算补液量

$$需补液量＝[测定红细胞压积－正常红细胞压积]×[0.05×体重(kg)/32]$$

(3)在临床实践中，若无条件测定红细胞压积容量，常可以根据病畜的临床症状来判定脱水程度，确定补液量。

轻度脱水：病畜表现精神沉郁，有渴感，尿量减少，口腔干燥，皮肤弹力减退。其失水量约占体重的 4%，若体重为 200 kg，则失水量为 8 L。

中度脱水：病畜尿少或不排尿，血液黏稠度增高，血浆减少，循环障碍，全身淤血，其失水量约占体重的 6%。

重度脱水：病畜眼球及静脉塌陷，角膜干燥无光，无热，或兴奋或受抑制，甚至昏睡，其失水量约为体重的 8%。

(二)酸碱平衡紊乱的补液疗法

机体内环境的稳定需要体液的酸碱平衡，维持这一平衡主要依靠血液缓冲体系、肾和呼吸系统功能。临床常发的酸碱失衡包括代谢性酸、碱中毒和呼吸性酸、碱中毒，对于一些复杂的疾病，还有可能出现混合性酸碱平衡失调的现象，因此，补液时需根据患畜具体情况加以纠正。

1. 代谢性酸中毒

病畜长期禁食、脂肪分解过多，并有酮体积聚，均可消耗 HCO_3^-；急性肾功能减退，H^+ 排出障碍，机体内 H^+ 增加，也可造成代谢性酸中毒。严重腹泻病畜，患吞咽障碍的病畜，由于大量消化液丧失，带走大量 HCO_3^-，病畜脱水后可引起酸性产物积聚。当牲畜严重感染、大面积创伤或烧伤、大手术、休克、机械性肠阻塞等，由于组织缺血缺氧，则糖代谢不全，产生丙酮酸、乳酸等中间产物，同时由于损伤、感染、微生物分解产物和代谢产物及组织分解产物等，积聚于体内，或吸收进入血液循环中，导致酸中毒。当牲畜患酮病、软骨病、佝偻病等，由于身体营养中的磷单方面过多时，则血液中的 HPO_4^- 含量增多，HCO_3^- 含量减少，从而导致血液酸中毒。

临床症状表现为病畜呼吸深而快，黏膜发绀，体温升高，出现不同程度的脱水现象，血液浓稠。实验室检查红细胞压积增高，血气分析 pH 和 HCO_3^- 明显下降，二氧化碳结合量降低。

治疗方法应在针对病因治疗并处理水、电解质失衡的同时，应用碱剂(最常用的是碳酸氢钠)治疗。具体用法，可用 HCO_3^- 测得值计算碳酸氢钠用量：

HCO_3^- 需要量(mmol)＝HCO_3^- 正常值－HCO_3^- 测得值(mmol/L)×体重(kg)×0.4 或以 CO_2CP 测得值计算碳酸氢钠用量：

5％碳酸氢钠需要量(mL)＝[CO_2CP 正常值－CO_2CP 测得值]×体重(kg)×0.6

2. 代谢性碱中毒

病畜某些治疗中长期给予过量的碱性药物，会使血液内的 HCO_3^- 浓度升高，从而发生碱中毒。牛的许多胃肠疾病和马的继发性胃扩张都可发展成为严重的代谢性碱中毒。如肠套叠、皱胃扭转或变位、皱胃阻塞等，这些疾病可使大量的氢离子丢失在胃内，胃分泌盐酸需氯离子从血液循环中进入胃内，因此在分泌盐酸过程中产生大量 HCO_3^-，使血液中 HCO_3^- 含量增加而引起碱中毒。如钾摄入不足、胃肠分泌液丢失、长期服用利尿剂等原因引起的缺钾也可导致代谢性碱中毒。

临床表现为呼吸浅而慢，并可有嗜睡甚至昏迷等神志障碍，实验室检查，血液 pH、HCO_3^- 浓度均升高。

临床治疗多采用补氯、补钾，因这类病畜多半同时有低氯低钾情况，而补钾有助于碱中毒的纠正。一般轻度代谢性碱中毒呕吐不剧烈者，只需静脉滴注等渗盐水即可达到治疗目的，因等渗盐水中含氯离子较多，有助于纠正低氯情况；重度代谢性碱中毒，可将 2％氯化铵溶液加入 5％葡萄糖等渗盐水 500～1 000 mL 中由静脉内缓慢滴注。但如病畜肝、肾功能减退，则不能使用氯化铵，而需补充盐酸。

3. 呼吸性酸中毒

当病畜通气功能减弱，体内生成的二氧化碳不能充分排出时，则二氧化碳分压增高，引起高碳酸血症时即有呼吸性酸中毒。引起通气功能减弱的情况，可以是气胸、肺水肿、支气管和喉痉挛等急性肺部病变，亦可能是广泛肺纤维化、重度肺气肿等慢性阻塞性肺部疾病；而全身麻醉过深、镇静剂过量等亦可造成肺通气功能减弱。

临床表现为呼吸困难和气促、发绀等症状，甚至有昏迷等神志障碍；通过血气分析显示血 pH 明显下降，PCO_2 增高，而 HCO_3^- 正常或增加，二氧化碳分压增高。

治疗原则首先应改善病畜的通气功能，可考虑气管切开、气管内插管和应用呼吸机；同时要控制肺部感染，扩张小支气管，促进痰液排出。

4. 呼吸性碱中毒

当病畜肺泡通气过度，体内生成的二氧化碳排出过量，则 PCO_2 降低，引起低碳酸血症时即出现呼吸性碱中毒。引起过度通气的临床情况包括高热、严重感染或创伤、中枢神经系统疾病、低氧血症和肝功能衰竭等。

临床表现为四肢麻木，肌肉震颤，四肢抽搐，心率过快等；通过血气分析显示血 pH 增高，PCO_2 和 CO_2 降低。

治疗原则是积极处理原发病，减少二氧化碳的呼出，吸入含 5％二氧化碳的氧，给予钙剂进行对症治疗。

(三)电解质紊乱的补液疗法

1. 钾代谢紊乱

钾是生命必需的电解质之一。它具有维持细胞新陈代谢，调节体液的渗透压和酸碱平衡，并保持细胞的应激功能。机体每日所需的钾均从饮食中获得，由小肠吸收。水果、蔬菜和肉类中均含丰富的钾。钾的排出主要由肾调节，尿中每日排钾约为摄入量的 90％，其余 10％由粪便排出。临床常见的钾代谢紊乱包括低钾血症和高钾血症。

(1)低钾血症。一方面由于长期的钾摄入不足，常见于慢性消耗性疾病、术后长期禁食、食欲不振的病畜或长期饲喂含钾少的饲料。另一方面见于钾的排出增加，常见于严重腹泻、呕吐、长期应用肾上腺皮质激素、创伤和大面积烧伤以及应用速尿等利尿药物的病畜。

病畜临床表现为厌食、恶心、呕吐和腹胀(肠蠕动明显减弱)、肌肉无力、腱反射减退、血压降低、嗜睡等症状。血清钾测得值明显降低，心电图有典型的低钾血症表现：T波降低、双相甚或倒置，ST段压低或U波出现。

临床治疗以补钾为主，补氯化钾时，如病畜能口服则不应静脉输液。需静脉输液的，应以10%氯化钾溶液经稀释后经静脉缓慢滴入，其浓度不应大于0.3 g/100 mL，滴速应低于80滴/min，绝对禁止以氯化钾静脉推注，以免血钾突然增高导致严重心律不齐和停搏。补钾时还必须注意尿量的变化，尿少时补钾将使钾积滞体内，引起高钾血症。同时应纠正可能存在的酸中毒。

(2)高钾血症。各种造成血钾积聚在体内或排钾功能障碍的情况，均可造成高钾血症。口服或静脉输入氯化钾过多，酸中毒以及大面积软组织挤压伤，重度烧伤或其他严重组织破坏以致大量细胞内钾短期内移至细胞外液的创伤，均可引起高钾血症。急性或慢性肾衰竭而使肾脏排钾减少，也可引起高钾血症。

病畜临床表现为软弱无力、虚弱和血压降低等症状，严重者出现呼吸困难，心搏动骤停，以至突然死亡。血清钾测得值明显升高，心电图有典型的高钾血症表现：T波高而尖，QT时间延长，以后QRS时间亦延长。

临床治疗应迅速查出引起高钾的原因，再进行病因治疗。由于钾必须由肾排出，因此需注意肾功能情况。应停给一切含钾的溶液或药物；静脉输入5%碳酸氢钠溶液以降低血钾并同时纠正可能存在的酸中毒，开始可用5%碳酸氢钠60～100 mL静脉内推注，继以5%碳酸氢钠100～200 mL静脉内滴注。给予高渗葡萄糖和胰岛素：一般用25%的葡萄糖液200 mL以3～4 g∶1 IU的比例加入胰岛素12U，静脉滴注，可使血钾浓度暂时降低，此项注射，可每3～4 h重复一次。给10%葡萄糖酸钙溶液以对抗高钾血症引起的心律失常，需要时可重复使用，根据动物个体的大小选择合适的剂量。

2. 钙代谢紊乱

钙代谢紊乱常见于产后母畜。由于日粮中缺少钙质食物和维生素D，妊娠阶段，随着胎儿的发育、骨骼的形成，母体大量的钙被胎儿夺去，在哺乳阶段，血液中的钙大量进入乳汁，致使母畜出现低血钙症状，临床表现为肌肉兴奋性增高，精神狂躁、不安，全身性痉挛，步态强拘，甚至出现瘫痪症状。临床以对症治疗为主，静脉滴注10%葡萄糖酸钙(或5%氯化钙)，或在饲料中补喂骨粉、磷酸氢钙。

3. 镁代谢紊乱

镁代谢紊乱临床常见低血镁症，又称青草搐搦、缺镁痉挛症、青草蹒跚，是牛羊等反刍家畜一种常见的矿物质代谢障碍性疾病，多发生于夏季高温多雨时节，尤以产后处于泌乳期的母畜多见。夏季，高温多雨，青草生长旺盛，尤其是生长在低洼、多雨地区，施氮肥和钾肥多的青草，不仅含镁量很低，而且含钾或氮偏高，牛羊长时间在此地区放牧或长期饲喂这样的青草，就会造成血镁过低而发病。另外，产后瘫痪的病畜血液镁的含量也会降低，从生理上讲，镁在钙代谢途径的许多环节中起着调节作用，血液镁含量降低时，机体从骨骼中动员钙的能力就会降低。因此，低血镁时，生产瘫痪的发病率高，特别是产前饲喂高钙饲料，以致分娩后血镁过低而妨碍机体从骨骼中动员钙，血钙水平难以维持，从而发生生产瘫痪。

临床表现为兴奋不安，突然倒地，头颈侧弯，牙关紧闭，心动过速，口吐白沫，粪尿失禁。抢救不及则很快死亡。临床可静脉滴注 25% 硫酸镁注射液、25% 硼酸葡萄糖酸钙注射液，在茂盛的嫩草地上放牧牛、羊时，时间不宜过长，牛、羊不要吃得太饱。饲料中含镁不足 0.2% 以上时，应在牛的饲料中补充镁，如每天在精料中添加氧化镁 20～40 g 或碳酸镁 40～60 g。表 3-4 为动物各途径补液的优缺点及禁忌。

表 3-4　动物各途径补液的优缺点及禁忌

投给途径	优点	缺点	禁忌
口服	为补充营养的最佳途径，电解质及葡萄糖易吸收	有时吞咽困难，强灌易呕吐，易造成异物性肺炎	
皮下	可短时间大量投给，高钾液（35mEq/L）无副作用	仅用于等渗无刺激性药物休克及末梢循环不良时助长脱水（局部聚集）	脓皮症，皮肤损伤
静脉	水、电解质扩散最快，高、低渗均可，大量长时间投给无副作用	需控制速度，刺激性大的药物易致静脉炎，长时间投给需选择中心静脉	
腹腔	吸收较快	操作不当可损伤内脏，易发生腹膜炎	腹膜炎，腹水，休克
直肠	可很好地吸收水分，可少量多次投放	需等体温，等渗，病畜患无刺激性肠炎、下痢时吸收不良	

三、补液时的注意事项

（1）补液时避免盲目性，应事先了解病史，认真做好临床检查和必要的实验室检查，根据病畜的具体情况，遵循缺什么补什么，缺多少补多少的原则，制定合理的补液方案。

（2）补液前应仔细检查药品的质量，注意有无杂质、沉淀及变质等，对加入其他药剂应避免配伍禁忌。

（3）补液时一般遵循先浓后淡，先晶体后胶体，先盐后糖，见尿补钾的原则，同时注意药液温度，特别是腹腔大量补液时，可将药液加热至与体温接近。

（4）补液技术应熟练，避免中途因病畜的骚动，使针头脱至血管外，药液漏入皮下。

（5）补液时病畜需设专人看管，如遇输液反应，病畜表现不安、骚动、呼吸加快、大出汗、肌肉震颤、心跳加快或心律不齐时，应立即停止补液，仔细查找原因，并进行必要的处理。

（6）无论采用何种方法对病畜进行补液，都必须严格遵守无菌操作规程。

任务 2　输血疗法

机体血液具有维持细胞内、外的平衡，运输各种营养物质，调节酸碱平衡以及参与机体免疫防御的功能，动物在大失血、大出血、休克或衰竭时，通常要输注一定容量的血液给予补充，这就是输血疗法。输血是现代医学常用的急救和治疗措施，目前在兽医临床上已成为救治动物的一种有效措施。少量输血对机体有止血作用，大量输血则可以补充血浆蛋白、维持血浆胶体渗透压、增加血容量、改善血液循环、增强细胞携氧能力，同时能增强机体抗感染能力和解毒能力。

一、适应证

输血疗法适用于大失血及各种原因引起的贫血的治疗，通过输血不仅可以有效维持循环血量，增强携氧能力，还有助于改善心脏机能；对于患白细胞、血小板减少症的病畜，输入新鲜血液，可刺激造血机能，纠正机体凝血机制；同时对于严重烧伤、营养性衰竭、败血症、持久和剧烈腹泻引起的体液大量丧失，输血不仅能补充血容量，还能及时补给 γ 球蛋白，提高机体抵抗力。

二、采血

将抗凝剂(4%的枸橼酸钠液，10%的氯化钙或10%的水杨酸钠液等)置于灭菌的贮血瓶内，随后从供血动物颈静脉采血，应使血液沿瓶壁流入，并轻轻晃动贮血瓶，使血液与抗凝剂充分混合，以防血液凝固。4%的枸橼酸钠液、10%的氯化钙与血液比例应为 1：9，10%水杨酸钠液与血液比例为 1：5。健康大动物一次的采血量为 8～10 mL/kg，牛、马一次可采血 2 000 mL 左右，犬的采血量为 10～20 mL/kg，15 kg 的犬可采血 200～250 mL。

三、血型检验

血液的相合检验有交叉配血凝集试验、生物学试验、三滴试验法三种方法。

(一)交叉配血凝集试验(玻片凝集反应)

(1)预选供血动物(同种、同属、年轻体壮的健康动物)3～5头，各静脉采血 1～2 mL，以生理盐水作 5～10 倍稀释。

(2)采受血动物的血液 5～10 mL 于试管内，室温下静置或离心分离血清(也可加 4%枸橼酸钠 0.5 mL 或 1 mL，采血 4.5 mL 或 9 mL，混合后，离心取上层血浆备用)。

(3)用吸管吸取受血动物血清(或血浆)，于每一玻片(每一供血动物要用一张玻片)上各滴两滴，立即用另一吸管吸取供血动物血液稀释液，分别加一滴于血清(或血浆)内。

(4)用手轻轻晃动玻片，使血清(或血浆)与血液稀释液充分混合，在大约 20 ℃的室温下，静置 10～15 min，观察红细胞凝集反应结果。

(5)判定结果：红细胞呈团块状凝块，液体透明，显微镜下红细胞彼此堆积在一起，界限不清者为阳性反应，不能用于输血。玻片上液体呈均匀红色，无红细胞凝集现象，显微镜观察，每个红细胞界限清楚，无凝集现象者为阴性反应，可用于输血。

(6)注意事项：凝集试验时室温以 18 ℃～20 ℃为宜，过低(8 ℃以下)或过高(24 ℃以上)均会影响试验结果的准确性；观察时间不能超过 30 min，以免液体蒸发而发生假凝集；必须用新鲜而无溶血现象的血液；所用玻片、吸管等器材必须清洁。

(二)生物学试验

血液的生物学试验是检查血液是否相合的可靠依据，要求在给病畜输血之前进行。

试验时，首先检查动物的体温、呼吸、脉搏、黏膜色泽等，然后抽取供血动物一定量的血液注入受血动物静脉内，马、牛可注入 100～200 mL，中小家畜 10～20 mL，过 10 min后，若受血动物无异常反应，如不安、脉搏加快、呼吸困难、肌肉震颤等，则可进行输血。若出现上述反应，即为血液不相合，不能用该供血动物进行输血。

另外，在对牛进行输血时，因其反应较迟钝，所以在生物学试验中需静脉注射两次，每次输入 100 mL，间隔 10~15 min，若无异常反应，即可输血；若出现不良反应，则更换供血动物。

(三)三滴试验法

吸取 4‰枸橼酸钠 1 滴于清洁干燥的玻片上，再在上面滴供血动物和受血动物的血液各 1 滴，轻轻吹动使其混匀，观察有无凝集反应。若无凝集反应表示血液相合，可以输血，如有凝集反应，则表示血液不合，不可输血。

四、输血步骤

(1)准备用物，按密闭式输液先给病畜输入少量等渗盐水，将输血瓶中的血液以旋转动作轻轻摇匀，用碘酒和酒精消毒贮血瓶塞。

(2)将等渗盐水瓶塞上的针头拔出，插入输血瓶。

(3)待血液输完后，继续滴入少量等渗盐水后拔针。

(4)整理用物，做好输血记录。

●●●●● **相关知识**

一、血型与输血种类

(一)血型

各种家畜血型差别很大，马有 8 种血型；牛有 12 种血型、80 种以上的血型因子；猪有 15 种血型、40 种以上的血型因子；犬有 8 种血型；猫有 3 种血型；兔有 1 种血型；水貂有 4 种血型。

理论上，输血时应输以同型血液或相同血液。那么，由于不同家畜有多种不同的血型，势必给配血工作造成很大困难，从而使输血疗法无法推广应用。但是临床实践证明，这种担心是多余的，因为家畜血液中天然存在的同种抗体并不像人类那样普遍，红细胞表面的抗原性也较弱，在给家畜输血时真正发生抗原和抗体反应的并不多见。各种动物首次输血都可以选用任何一个健康、成年、无传染病和血液寄生虫病、未孕、无过敏体质的同种动物作为供血者，而不必考虑它与受血者的血型是否相符，通常都不会发生严重危险。无论何种动物，受血后都能在 3~10 d 内产生免疫抗体，但是，如果此时又以同一供血动物再次供血，则容易产生输血反应。鉴于此，临床上对需多次或大量输血的动物，应准备多个供血动物，并把重复输血的时间缩短在 3 d 以内。

(二)输血种类

1. 全血输血

全血是指血液的全部成分，包括血细胞及血浆中的各种成分。将血液采入含有抗凝剂或保存液的容器中，不做任何加工，即为全血。分新鲜全血和保存全血，新鲜全血：血液采集后 24 h 以内的全血称为新鲜全血，各种成分的有效存活率在 70%以上；保存全血：将血液采入含有保存液容器后尽快放入 4℃±2℃冰箱内，即为保存全血。保存期根据保存液的种类而定。

2. 血液成分输血

随着医学和科学技术的进步，近年来由于血液成分分离机的广泛应用以及分离技术和成分血质量的提高，输血疗法已由原来的单纯输全血，发展成为血液成分输血。血液成分通常是指血浆蛋白以外的各种血液成分制剂，包括红细胞制剂、白(粒)细胞制剂、血小板制剂、周围造血干细胞制剂、血浆制剂和各种凝血因子等由血液分离出的所有血液成分。

3. 特殊方式的输血

(1)亲缘之间输血。近年来，人们对有亲缘关系的畜(主要指母子或母女关系)之间能否任意输血，输血后能否发挥正常的输血效果，对受血者是否产生不良影响等问题进行了一系列研究，其目的主要是研究在紧急情况下当幼畜因某种原因需要输血时，母畜作为供血者的安全性。研究表明，具有母女关系的牛之间的输血不仅可行，而且在某些方面还显示出积极的作用。从母牛体内采血 1 L 输给亲生小母牛后 24 h、48 h、72 h 检查，其血红蛋白明显升高，同时发现输血后血浆肌酐水平接近正常，说明输血后对肾功能无不良影响，其他血液学指标也均在正常范围之内。临床反应方面，输血后进行体温、呼吸频率和心搏数的监测，发现只是在输血之后呼吸频率有所增加，心搏数暂时稍减少，其他指标正常。可见具有母女关系的牛之间输血属于相合性输血，是能达到输血治疗要求和目的的。

(2)自身输血。自身输血就是收集患畜自身的血液，并将之用于患畜自身输注，以达到输血治疗的目的。临床实践证明这是一种安全、可靠、有效、经济的输血方法。自身输血具有以下优点：可以杜绝输血引起的传染性疾病的传播，如病毒性肝炎、犬瘟热等；可以杜绝红细胞、白细胞、血小板以及蛋白质抗原产生的同种免疫反应；可以杜绝由于免疫反应导致的溶血、发热、变态反应等；术前多次采血，可以刺激红细胞再生；省略输血前相合血型交叉试验；血源有困难的地方，可免除寻找同种血型的困难。

二、输血不良反应及防治

(一)溶血反应

若输入大量血型不合的血液，尤其是第一次输血 7 天后再次输血时，会引起严重的溶血反应。病畜在输血过程中会突然出现不安、呼吸急促、脉搏频数增加、肌肉震颤，不时排尿、排粪，高热、尿中出现血红蛋白，可视黏膜发绀、休克等现象。猪还表现为：鼻盘、腹侧、臀部出现紫斑，全身发抖，咳嗽，呕吐，精神沉郁，血尿，等等。一般牛、马多在输入血液 200 mL 时，猪在输入 10~100 mL 时出现反应。

当输血过程中出现溶血反应时，应该立即停止输血，改用 5%~10%葡萄糖或生理盐水等，随后再注入 5%碳酸氢钠溶液，皮下注射 0.1%盐酸肾上腺素 5~10 mL(马、牛)。出现血红蛋白尿时，可用 0.25%普鲁卡因液作双侧肾区封闭。肝功能不全时，还需要注射维生素 B、维生素 C、维生素 K 等。

(二)发热反应

输血期间或输血后 1~2 h 内体温升高 1℃以上并有发热症状，称为发热反应。主要是由于抗凝剂或输血器械中含有致热原所致，轻者只发生短时间体温升高(猪可出现呕吐，多在输血后 12 h 内消失)。重者表现恶寒战栗，食欲废绝，体温升高持续 2~3 d。

为防止动物出现发热反应，要严格执行无菌和无致热原技术。在 100 mL 血液中加入 2%普鲁卡因液 5 mL 或氢化可的松 50 mg。反应严重者，停止输血，并肌肉注射盐酸哌替啶(杜冷丁)或盐酸氯丙嗪，或者两者合用，静脉输入，肌肉注射 0.1%肾上腺素液 3~5 mL。

(三)过敏反应

可能因输入的血液中含有致敏物质，或因多次输血，体内产生过敏性抗体所致，个别情况也可能是一种对蛋白过敏反应现象。病畜主要表现为：呼吸急促、痉挛，皮肤上出现荨麻疹等症状，甚至发生过敏性休克，此时应停止输血，肌肉注射苯海拉明、扑尔敏等抗组织胺的药物，并用钙剂等解救。

三、注意事项

(1)输血过程的一切操作均须严格遵守无菌操作规程。

(2)每次输血前要做生物学试验，以免出现较严重的输血反应。

(3)采血时，要注意所用抗凝剂与所采血液的比例。采血和输血过程中，要轻轻摇动贮血瓶，以防止出现血凝块、破坏血球和产生气泡。

(4)在输血过程中，要严防空气注入血管，密切注意病畜表现，若出现异常反应，应该立即停止输血。

(5)输血时，血液不需加热，否则容易造成血浆中的蛋白凝固或变性及红细胞被破坏。

(6)在使用枸橼酸钠作为抗凝剂输血时，由于枸橼酸钠进入血液后很快与钙离子结合，导致血液游离钙下降，因此输血后应立即补充钙剂，以防止因血钙降低导致心肌功能障碍。

(7)严重溶血的血液，不宜应用，应废弃。

(8)在输血前要对病畜及供血动物做详细的病史调查，尤其要询问有无输血史。第一次输血后，于3～10 d内可产生抗体。如果反复输血，可间隔24 h后进行，但是一般只能重复3～4次。输血主要用于牛、羊、马、犬。一般不用种公牛(马)的血液给已配的母牛(马)或待配的母牛(马)输血，以防新生仔畜发生溶血性疾病。

●●●● 项目测验

问题一：牛瓣胃注射的刺入部位是(　　　)。

A. 左侧7肋间　　　　　B. 右侧7肋间　　　　　C. 右侧第8肋间

D. 左侧第8肋间　　　　E. 右侧第9肋间

问题二：下面关于投胃管叙述不正确的是(　　　)。

A. 胃管要光滑

B. 胃管使用后要消毒

C. 胃管插入胃里会听到有节律的呼吸音

D. 胃管插入食道时可在颈部左侧看到胃管移动的痕迹

E. 投胃管适用于一次灌服较多药液

问题三：牛胸腔注射的部位是在左侧第(　　　)肋间，右侧第(　　　)肋间。

A. 6、4　　　　　　　B. 6、5　　　　　　　C. 5、4

D. 6、7　　　　　　　E. 4、4

问题四：关于皮内注射叙述错误的是(　　　)。

A. 注射药量较少　　　　B. 可用于结核病诊断　　　C. 可作药物过敏试验

D. 可治疗脱水　　　　　E. 可用于羊痘疫苗接种

问题五：静脉注射刺激性药液如氯化钙漏出，需在漏出周围注入(　　　)。

A. 生理盐水　　　　　　B. 蒸馏水　　　　　　　C. 5%葡萄糖

D. 10%硫酸钠　　　　　E. 5%碳酸氢钠

●●●●● **思考题**

1. 补液的途径有哪些，如何合理补液？
2. 肌肉注射有何注意事项？
3. 如何判断胃管是否进入食道内？

●●●●● **考核评分**

班级＿＿＿＿　　学号＿＿＿＿　　学生姓名＿＿＿＿　　得分＿＿＿＿

评价项目		评价标准（考核指标解释及分值）	满分	得分
课堂评价	自我评价	能够预习所学知识，学习任务相关知识，完成习题、报告	20	
	小组评价	积极参加小组活动，团队合作意识强，组织协调能力强，能运用所学方法分析、解决问题	20	
教师评价		主动查阅资料、学习相关知识，独立完成学习任务、课堂纪律好，有较强的安全意识、节约意识、爱护动物的意识	20	
考核评价	任务完成情况评价	能正确进行牛、羊、猪、犬、猫等动物的经口投药操作、胃管投药操作	10	
		能正确进行动物的皮下、肌肉、皮内、静脉、胸腔、腹腔、气管、乳房、瓣胃、皱胃注射操作，并掌握注意事项	10	
		能正确对牛、羊、猪、犬、猫进行补液、输血，并掌握注意事项	10	
	相关习题完成评价	能查阅相关资料完成习题，正确率高	10	
总分			100	

模块 4 穿刺与封闭疗法

【知识目标】

了解各种穿刺术的适应证、禁忌证及物品准备。掌握各种穿刺术的操作方法及步骤。
掌握各种穿刺术的注意事项和术后处理。熟悉普鲁卡因封闭疗法的相关基础知识。

【能力目标】

能熟练进行腹膜腔穿刺术。能熟练进行胸腔穿刺术。能熟练进行瘤胃穿刺术。能熟练进
行膀胱穿刺术。

【思政目标】

培养勇于创新、精益求精、不断进取的工作作风。

学习任务 4

穿刺与封闭疗法

●●●●● **任务单**

任务名称	学习任务 4　穿刺与封闭疗法
学习任务 情景描述	1. 小刘在奶牛场兽医助理岗位工作，今天在巡舍时发现有一头牛，腹围增大，左肷部叩诊为大面积鼓音，怀疑是急性瘤胃臌气，需进行瘤胃穿刺放气。请完成瘤胃穿刺技术的相关内容。 　　2. 小武是动物医院诊疗室兽医助理，今天发现就诊的一只病犬腹部膨大下垂，冲击式触诊有液体震荡的声音，需进行腹腔穿刺处置以判断疾病性质。请完成腹腔穿刺技术的相关内容。 　　3. 小朱是动物疫病防治员，今天养殖户有一头犊牛咽部肿胀、流涎、不能吞咽食物，触诊咽部敏感，初步怀疑是咽炎，需对咽部进行封闭治疗。请完成相关局部封闭项目内容。
课前准备 查找资料	1. 学习穿刺、封闭疗法的基本内容、方法，利用学习资源查阅以下相关知识，并进行研读。 　　(1)各穿刺项目准确部位。 　　(2)穿刺技术的具体操作及注意事项。 　　(3)普鲁卡因封闭疗法的应用、操作及注意事项。 　　2. 认真研读本任务的任务描述、任务实施内容和任务要求，初步制订任务实施计划。
学习资源	1. 请扫描二维码登录超星学习通平台，加入在线课程学习。 　　2. 参考教材。 　　(1)《兽医临床诊断学》(第三版)，中国农业出版社，王俊东、刘宗平主编。 　　(2)《兽医临床诊疗技术》，中国农业大学出版社，吴敏秋主编。 　　(3)《兽医临床诊疗技术》(第二版)，中国农业出版社，李玉冰主编。
材料准备	牛鼻钳、项圈、嘴笼、穿刺针、套管针、灭菌手套、碘酊、酒精、注射器、针头、药品、普鲁卡因、剪毛剪、手术刀、火棉胶、镊子、实习动物等。

实施步骤	1. 利用学习资源的图片、视频了解常用穿刺与封闭疗法。 2. 在实训基地，选择牛、犬若干只，应用所学方法对动物按要求进行穿刺、封闭项目练习。 3. 正确掌握各穿刺、普鲁卡因封闭项目注意事项。
任务要求	1. 能对患病动物进行穿刺操作。 2. 能进行普鲁卡因封闭项目操作。
任务完成情况评价	1. 课堂评价＝自我评价(20%)＋小组评价(20%)。 2. 教师评价(20%)。 3. 考核评价(40%)。

项目 1　穿刺技术

穿刺术是兽医临床上常用的操作技术，通过穿刺可对某些疾病进行诊断和治疗。

任务 1　瘤胃穿刺术

一、适应证

牛羊急性瘤胃膨胀时，穿刺放气紧急救治和向瘤胃内注入防腐制酵药液制止瘤胃内继续发酵产气。

二、准备

大套管针或较长的注射针头，外科刀及缝合器材等。

三、部位

在左侧肷窝部，由髋结节向最后肋骨所引水平线的中点，牛距腰椎横突下方 10～12 cm（图 4-1），羊距腰椎横突下方 3～5 cm 处，也可选择肷部隆起最高点穿刺。

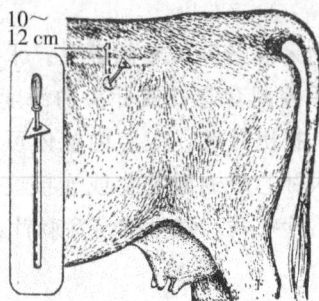

图 4-1　牛瘤胃穿刺部位

四、方法

病畜站立保定，术部剪毛消毒。先在穿刺点旁 1 cm 处做一小的皮肤切口，有时也可不做切口，羊一般不切口。术者左手将皮肤切口移向穿刺点，右手持套管针将针尖置于皮肤切口内，向对侧肘头方向迅速刺入 10～12 cm，左手固定套管，右手拔出针芯，用手指不断堵住管口，间歇放气，使瘤胃内的气体间断排出。若套管堵塞，可插入针芯疏通。气体排出后，为防止复发，可经套管向瘤胃内注入制酵药液，如 5％克辽林液 20 mL 或 1％福尔马林液 10～15 mL 等。穿刺完毕，用力压住套管周围皮肤，拔出套管针，消毒创口，皮肤切口行结节缝合 1 针，涂碘酊，或以碘仿火棉胶封闭穿刺孔。

在紧急情况下，无套管针或盐水针头时，可就地取材，如取竹管、鹅翎或静脉注射针头等进行穿刺，以挽救病畜生命，然后再采取抗感染措施。

五、注意事项

(1)放气速度不宜过快，防止发生急性脑贫血而造成虚脱。

(2)套管堵塞，可插入针芯疏通。气体排出后为防止复发，可经套管向瘤胃内注入防腐制酵药。

(3)拔针前需插入针芯，并用力压住皮肤慢慢拔出，以防套管内的污物污染创道或落入腹腔。

(4)整个过程要严格消毒，防止术部感染和继发腹膜炎。

任务 2 腹膜腔穿刺术

一、适应证

采取腹腔内液体供实验室检验，以辅助诊断肠变位、胃肠破裂、膀胱破裂、肝脾破裂以及腹腔积水、腹膜炎等疾病；排出腹腔内积液，或向腹腔注射药液用以治疗疾病。小动物腹腔麻醉和补液也可采用腹腔穿刺术。

二、准备

剪刀，大套管针或针头，较长的注射器等。

三、部位

牛、羊穿刺部位在腹部右侧脐与膝关节连线的中点。猪、犬、猫穿刺部位均在脐与耻骨前缘连线的中间腹白线上或腹白线的侧旁 1～2 cm 处(图 4-2)。

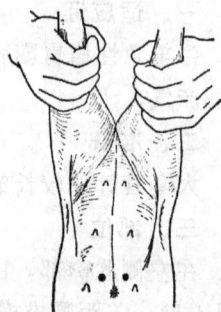

图 4-2 猪腹腔穿刺部位

四、方法

大动物采取站立保定，小动物采取平卧位或侧卧位。术部剪毛消毒。术者左手固定穿刺部位的皮肤并稍向一侧移动，右手控制套管针或针头的深度，垂直刺入腹壁 2～4 cm，待抵抗感消失时，表示已穿过腹壁层，拔出针芯，腹腔内液体可自行流出，可以采样做实验室检查。如液体不能自行流出，可插入针芯疏通阻塞物或连接注射器进行抽吸，如有必要，抽吸完毕还可以向腹腔内注入药液来治疗疾病。然后拔出穿刺针，局部涂以碘酊。

五、注意事项

(1)术者用手恰当控制穿刺针刺入深度，不宜过深，以防刺伤肠管。穿刺位置应准确。确实保定动物，注意人、畜安全。

(2)穿刺过程中应注意动物的反应，观察呼吸、脉搏和黏膜颜色的变化，发现有特殊变化时应停止操作，并进行适当处理。

(3)当腹腔过度紧张时，穿刺易刺入肠管而将肠内容物误认为腹腔积液，造成错诊，穿刺时须特别注意。

(4)用于腹腔冲洗或向腹腔内注入的药液应加温至接近动物体温。

任务 3 胸膜腔穿刺术

一、适应证

临床用于胸膜疾病的诊断，并辅助胸膜疾病的治疗，如采取胸腔内液体做实验室检验，冲洗胸腔并向胸腔内注入药液，排出胸腔内的积液、积气、积血，以减轻对胸腔器官的压力。

二、准备

套管针、盐水针头或静脉注射针头，剪刀，外科刀与缝合器械等。

三、部位

马在左侧胸壁第 7 或 8 肋间，右侧胸壁第 5 或 6 肋间(图 4-3)；牛、羊右侧第 6 肋间或左侧第 7 肋间，猪、犬右侧第 7 肋间，与肩关节水平线交点下方 2～3 cm 处，胸外静脉上方约 2 cm 处。为了避免损伤肋间血管和神经，穿刺时也可选在肋骨前缘。

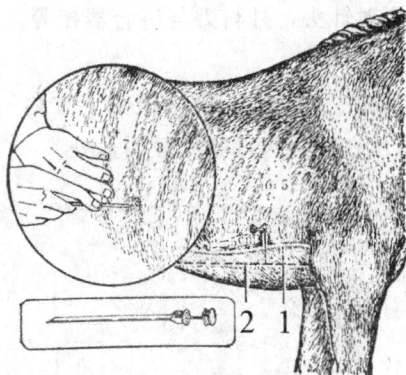

图 4-3 马胸腔穿刺部位

四、方法

(1)大动物(马、牛)站立保定，小动物(犬、羊)一般采取横卧保定，犬采取犬坐姿势较好。术部剪毛消毒。

(2)术者左手将术部皮肤稍向上方移动 1～2 cm，右手持套管针，刺入深度控制在 3～4 cm，在靠近肋骨前缘垂直刺入。穿刺肋间肌时有阻力感，当阻力消失，有空虚感时，则表明已刺入胸腔内。

(3)套管针刺入胸腔后，左手把持套管，右手拔去针芯，即可流出积液或血液。如针孔堵塞不畅时，可用内针疏通，或用注射器抽吸。无积液、血、脓时要夹住胶管，防止发生气胸。

(4)有时放完积液之后，需要洗涤胸腔，可将装有清洗液的输液瓶乳胶管或输液器连接在套管口或注射针上，高举输液瓶，药液即可流入胸腔，然后将其放出。如此反复冲洗 2～3 次，最后注入治疗性药物。

(5)操作完毕，拔出套管针或针头，使局部皮肤复位，术部涂擦碘酊，用碘仿火棉胶封闭穿刺孔。

五、注意事项

(1)穿刺或排液过程中,应注意无菌操作并防止空气进入胸腔。

(2)排出积液和注入洗涤剂时应缓慢进行,同时注意观察病畜有无异常表现。

(3)穿刺时须注意并防止损伤肋间血管与神经。

(4)套管针刺入时,应以手指控制套管针的刺入深度,以防过深刺伤心、肺。

(5)穿刺过程中遇有出血时,应充分止血,改变位置再行穿刺。

(6)需进行药物治疗时,可在抽液完毕后,将药物经穿刺针注入。

(7)穿刺过程中应注意防止空气进入胸膜腔,用套管针穿刺时,排液应缓慢进行不可过快。针孔如被堵塞,可用针芯疏通。洗涤时要反复2~3次,放出后注入治疗性药物。

任务4 马盲肠穿刺术

一、适应证

急性马、骡盲肠膨气,放气急救和向肠腔内注入防腐制酵药液,用于治疗马、骡肠膨胀。

二、准备

套管针或盐水针头,静脉注射针头,外科刀与缝合器械等。

三、部位

马盲肠穿刺部位在右侧肷窝的中心,即距腰椎横突下方约一掌处,或选在肷窝最明显的突起点(图4-4)。马结肠穿刺部位在左侧腹部膨胀最明显处。

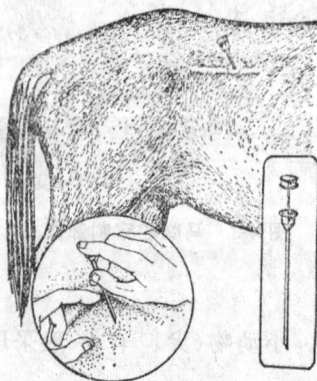

图4-4 马盲肠穿刺部位

四、方法

病畜站立保定,术部剪毛消毒。必要时,穿刺点先用外科刀切一小口。操作要领同瘤胃穿刺。盲肠穿刺时,右手持套管针向对侧肘头方向刺入6~10 cm;左手立刻固定套管,右手将针芯拔出,让气体缓慢或断续排出。排气之后,可以从套管针向盲肠内注入防腐制酵剂。当排气结束时,左手压紧针孔周围皮肤,右手拔出套管针。术部涂以碘酊消毒。结肠穿刺时,可向腹壁垂直刺入3~4 cm。其他按瘤胃穿刺要领进行。

五、注意事项

同瘤胃穿刺术。

任务 5　心包穿刺术

一、适应证

用于排出心包渗出液、漏出液、积脓或向心包内注入药液进行冲洗和治疗心包疾病；采取心包积液供实验室检查，辅助心包炎的诊断。

二、准备

剪刀，套管针或盐水针头，静脉注射针头，外科刀与缝合器械、火棉胶等。

三、部位

牛心包穿刺部位在左侧第 5 肋间，肩关节水平线下 2 cm 处(图 4-5)。

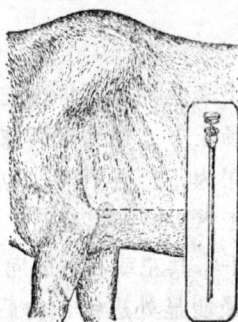

图 4-5　牛心包穿刺部位

四、方法

动物站立保定，使其左前肢前伸半步，充分暴露心区。术部剪毛消毒后，术者左手将术部皮肤稍向前移动，右手持穿刺针沿第 6 肋骨前缘垂直刺入 2~4 cm，拔出针芯，心包积液即可自行排出。如果针孔堵塞，可用针芯疏通堵塞物，也可连接注射器回抽，取出的心包积液可送往实验室进行检查。如有脓液需要冲洗时，可注入药液来冲洗心包腔，最后注入抗生素。术后局部涂以碘酊消毒。

五、注意事项

(1)术者要控制针头刺入深度，以免因刺入过深而损伤心脏。

(2)动物要确实保定，防止其骚动，以确保穿刺成功。

(3)穿刺前，可以用手术刀在术部切一个 0.5~1.0 cm 的小口，以利于针头刺入。穿刺完毕后，要在创口涂以碘酊，并用火棉胶封闭。

任务 6　膀胱穿刺术

一、适应证

当患畜尿路阻塞或膀胱麻痹时，尿液在膀胱内潴留，易导致膀胱破裂，此时须采取膀胱穿刺排出尿液，以缓解症状，为进一步治疗提供条件。

二、准备

16 号注射针头，5％碘酊、酒精棉球等。

三、部位

牛、马可通过直肠对膀胱进行穿刺，猪、羊、犬在耻骨前缘白线侧旁 1 cm 处（图 4-6）。

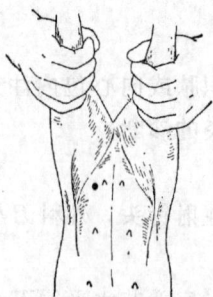

图 4-6　猪膀胱穿刺部位

四、方法

大动物施行站立保定，先灌肠排出粪便，术者将事先消毒好的连有胶管的针头握于手掌中并使手呈锥形缓缓伸入直肠，在直肠正下方触到充满尿液的膀胱，在其最高处将针头向前下方刺入，并固定好针头，直至排完尿为止。必要时，也可在胶管外端连接注射器，向膀胱内注入药液。然后，要将针头同样握于掌中而带出肛门。

猪、羊、犬可采取横卧保定，助手将其左或右后肢向后牵引，充分暴露术部。术部剪毛、消毒后，在耻骨前缘或触诊腹壁波动最明显处进针，向后下方刺入深达 2～3 cm，刺入膀胱后，固定好针头，待尿液排完后拔出针头，术部涂以碘酊消毒。

五、注意事项

（1）动物要确实保定，以确保人畜安全。

（2）针头刺入膀胱后，一定要固定好，防止滑脱，若进行多次穿刺易引起腹膜炎和膀胱炎。

（3）通过直肠进行膀胱穿刺时，应严格按照直肠检查的要求规范操作。若动物强烈努责，手无法进入直肠时，不可强行操作，可考虑在坐骨大切迹下方施行尿道切开术。

项目 2　普鲁卡因封闭疗法

普鲁卡因封闭疗法是将不同浓度、不同剂量的盐酸普鲁卡因注射到机体的某一组织或血管内，阻断从病灶向中枢传导的强烈刺激，减轻致病因子的作用，恢复大脑皮层对组织器官的调节作用，使病畜恢复正常。

任务 1　病灶周围封闭法

在病灶周围约 2 cm 处的健康组织内，分点注入 0.25%～0.5% 盐酸普鲁卡因溶液，所注药量能达到浸润麻醉的程度即可，马、牛 20～50 mL，猪、羊 10～20 mL，每天或隔天 1 次。为了提高治疗效果，可在药液中加入 50 万～100 万 IU 青霉素，实践表明效果更佳。

本法常用于治疗创伤或局部炎症，但在治疗化脓创时须特别注意注射点不可距病灶太近，以免因注射而引起病灶扩展。

任务 2　环状分层封闭法

本法常用于治疗四肢蜂窝织炎初期，愈合迟缓的创伤及蹄部疾病。一般于四肢病灶上方3～5 cm 处的健康组织上进行环状分层注射。前肢的封闭部位应在前臂部及其下 1/3 处和跖骨中部。注射时，将针头刺入皮下再刺达骨膜，边注药边拔针，使药液浸润到皮下至骨膜的各层组织内，可分成 3～4 点注射。注射所用药量应根据注射部位直径大小而定，一般每次用0.25％盐酸普鲁卡因溶液 100～200 mL，注射时要注意局部解剖结构，不要让针头损伤到较大的神经和血管。

任务 3　穴位封闭法

首先病畜要确实保定，术者找准穴位后，局部剪毛，用 2％碘酊消毒并以 75％酒精脱碘；刺入穴位后需回抽注射器确认无回血，再依据动物品种及穴位注入适宜浓度的盐酸普鲁卡因溶液（马、牛用 1％～2％，羊、犬用 0.5～1％）。为确保疗效，可在溶液中加入强的松龙（适用于风湿症，感染急性期禁用）或复方丹参注射液（适用于跌打损伤），严禁加入青霉素（易引发过敏）。每天 1 次，连用 2～3 d。

穴位封闭是将盐酸普鲁卡因溶液直接注入患畜的抢风、百会、大胯等穴位，来治疗动物的各种疾病。临床上用于治疗马、牛、羊、犬等动物四肢的扭伤、风湿、类风湿等疾病。局部感染灶、普鲁卡因过敏或肝肾功能严重不全的动物禁用；注射后观察 30 min，出现过敏反应需及时用肾上腺素急救。

任务 4　尾骶封闭法

一、适应证

尾骶封闭是将普鲁卡因溶液直接注入直肠与荐椎之间的尾骶处，通过药物作用于该部位的腰荐神经丛、阴部神经和直肠后神经来治疗盆腔器官的急、慢性炎症。临床上用于子宫脱垂、阴道脱垂、直肠脱垂或上述器官的急、慢性炎症的治疗及其脱垂时的整复手术。

二、方法

病畜站立保定，将尾部提起。刺入部位在尾根与肛门之间的三角区中央，即为中兽医中的后海穴。局部消毒后，用长 15～20 cm 的针垂直刺入皮下，将针头稍向上翘并与荐椎呈平行方向刺入。先沿正中方向边注药边退针，然后再分别向左右方向各注入一次，使药液呈扇形分布。所用药液的量，大动物一般为 0.25％普鲁卡因 150～200 mL，猪、羊为 50～100 mL。

普鲁卡因封闭疗法是将一定浓度和剂量的普鲁卡因溶液，注射于机体一定部位的组织和血管内，从而达到治疗疾病的一种方法。普鲁卡因溶液可调节神经机能，并使其恢复正常的对组织和器官的调节作用，而且在炎症过程中可以使炎灶内血管收缩，渗出减少，疼痛减轻，促进炎症的修复，因而在兽医临床上得到广泛应用。封闭疗法临床上常用的有病灶周围封闭法和静脉内注射封闭法。其中病灶周围封闭疗法主要适用于创伤、烧伤、蜂窝织炎、乳房炎，以及各种急性、亚急性炎症等的治疗；静脉内注射封闭法适用于肠痉挛、风湿病、各种创伤、挫伤、烧伤、乳房炎的治疗。

●●●●● 项目测验

问题一：牛瘤胃穿刺的部位是（　　　）。

A. 左侧肷窝 　　　　　　　　　　　 B. 右侧肷窝

C. 左侧腹部下方 　　　　　　　　　 D. 右侧腹部下方

问题二：牛、羊腹腔穿刺的部位是（　　　）。

A. 左侧脐与膝关节连线的中点 　　　 B. 右侧脐与膝关节连线的中点

C. 左侧脐与耻骨前缘连线的中点 　　 D. 右侧脐与耻骨前缘连线的中点

问题三：犬、猫腹腔穿刺的部位是（　　　）。

A. 左侧脐与膝关节连线的中点 　　　 B. 右侧脐与膝关节连线的中点

C. 脐与耻骨前缘连线的中点旁 1～2 cm 　D. 脐与耻骨前缘连线的中点

问题四：牛胸腔穿刺的部位是（　　　）与肩关节水平线交点下方 2～3 cm 处，胸外静脉上方约 2 cm 处。

A. 左侧第 6 肋间 　　　　　　　　　 B. 右侧第 6 肋间

C. 左侧第 8 肋间 　　　　　　　　　 D. 右侧第 7 肋间

问题五：牛心包穿刺部位是（　　　），肩关节水平线下 2 cm 处。

A. 左侧第 5 肋间 　　　　　　　　　 B. 右侧第 5 肋间

C. 左侧第 6 肋间 　　　　　　　　　 D. 右侧第 6 肋间

●●●●● 思考题

1. 如何确定腹腔穿刺的部位？

2. 瘤胃穿刺的注意事项有哪些？

3. 普鲁卡因封闭的适应证有哪些？

●●●●● 考核评分

班级_____　　学号_____　　学生姓名_____　　得分_____

评价项目		评价标准（考核指标解释及分值）	满分	得分
课堂评价	自我评价	能够预习所学知识，学习任务相关知识，完成习题、报告	20	
	小组评价	积极参加小组活动，团队合作意识强，组织协调能力强，能运用所学方法分析、解决问题	20	
	教师评价	主动查阅资料、学习相关知识，独立完成学习任务、课堂纪律好，有较强的安全意识、节约意识、爱护动物的意识	20	

续表

评价项目		评价标准（考核指标解释及分值）	满分	得分
考核评价	任务完成情况评价	能掌握兽医临床常用的穿刺技术、实施封闭疗法的要点	10	
		会进行兽医临床常用的穿刺技术	10	
		会实施兽医临床常用的普鲁卡因封闭疗法	10	
	相关习题完成评价	能查阅相关资料完成习题，正确率高	10	
总分			100	

模块 5　外科手术治疗技术

【知识目标】
掌握常用器械的识别、使用方法。掌握手术计划的制订、准备、实施工作。掌握常用局部、全身麻醉技术。掌握常用组织分离、缝合技术。掌握常用的止血、包扎技术。

【能力目标】
能识别使用常用外科手术器械。能进行手术前的准备工作。能对施术动物进行消毒、麻醉。能进行常规外科操作。能进行常规包扎处理。

【思政目标】
培养理论联系实践，团结协作，勇于探索的工作态度。

学习任务5

外科手术基础

●●●● **任务单**

任务名称	学习任务5　外科手术基础
学习任务 情景描述	1. 小吕在奶牛场兽医助理岗位工作，今天有一头新产牛腹部皮肤被划破了一条长约15 cm的伤口，需要进行局部清洗、缝合处理。请完成外科清洗、缝合的相关内容。 　　2. 小田是动物医院诊疗室兽医助理，今天需要对一只打架受伤的犬进行止血、麻醉、包扎。请完成外科止血、麻醉、包扎的相关内容。 　　3. 小周是动物医院手术室兽医助理，今天有一台猫绝育手术，需要对手术室进行清洁、消毒，准备手术器械、药品和担任手术护士。请完成相关手术项目准备工作。
课前准备 查找资料	1. 学习外科手术的基本方法、利用学习资源查阅以下相关知识，并进行研读。 　　(1)能对常用手术器械进行识别并根据用途来使用。 　　(2)手术前准备工作的认识和训练。 　　(3)动物麻醉技术及注意事项。 　　(4)动物手术切开、止血方法和使用。 　　(5)手术结的种类和方法、软组织的缝合技术以及剪线与拆线技术。 　　2. 认真研读本任务的任务描述、任务实施内容和任务要求，初步制订任务实施计划。
学习资源	1. 请扫描二维码登录超星学习通平台，加入在线课程学习。 　　2. 参考教材。 　　(1)《兽医临床诊断学》(第三版)，中国农业出版社，王俊东、刘宗平主编。 　　(2)《兽医临床诊疗技术》，中国农业大学出版社，吴敏秋主编。 　　(3)《兽医临床诊疗技术》(第二版)，中国农业出版社，李玉冰主编。
材料准备	保定架、牛鼻钳、项圈、嘴笼、常用外科手术器械、缝合线、麻醉剂、灭菌手套、碘酊、酒精、注射器、针头、药品、止血带、剪毛剪、镊子等。

实施步骤	1. 利用学习资源的图片、视频了解常用给药方法。 2. 在实训基地，选择牛、猪、犬若干，或硅胶皮肤，应用所学方法对动物按要求进行外科操作练习。 3. 正确掌握外科手术基础项目操作及注意事项。
任务要求	1. 能进行常用器械的识别、使用方法；掌握手术计划的制订、准备、实施工作；掌握常用局部、全身麻醉技术；掌握常用组织分离、缝合技术；掌握常用的止血、包扎技术。 2. 能对患病动物进行一般外科手术的基础操作。
任务完成 情况评价	1. 课堂评价＝自我评价（20％）＋小组评价（20％）。 2. 教师评价（20％）。 3. 考核评价（40％）。

项目 1 手术前的准备

任务 1 手术的组织与分工

外科手术是一项集体活动，为了手术能顺利完成，术前要有良好的分工，同时每个人在手术前要了解自己的职责，切实做好准备工作。

一、术者

术者是手术治疗的组织者，也是手术的主要操作者。术前负责对动物疾病的确诊，提出手术方案并组织有关人员讨论决定，确定分工及术前准备工作。术者应将手术计划告知畜主，取得畜主同意和支持。术者是手术的主要主持者，对手术应承担主要责任。术后负责书写手术病历、制订术后治疗和护理措施。

二、手术助手（操作助手）

按手术大小和种类又分为第一、第二、第三助手。第一助手负责术前动物手术区域消毒处理；术中站在手术者的对面，负责显露手术视野、止血、结扎等，主要协助手术者完成手术；术后负责术后护理工作。如遇特殊情况，术者不能继续手术，应代替术者完成手术。第二、第三助手主要协助显露术部，参加止血、传递更换器械与敷料，以及剪线等工作。

三、器械助手

术前，负责准备和消毒手术器械；术中，器械助手一般站在术者右侧，负责传递和清理所有的器械和敷料，在闭合切口前，认真详细地核对器械和敷料的数目，以防遗留在伤口内；术后，负责手术器械的清洗、整理和保管工作。

四、麻醉助手

专职负责动物的麻醉工作。手术过程中，密切监护患病动物全身状况，定时记录体温、脉搏、呼吸、血压和中心静脉压等指数，如患病动物全身情况发生突然变化，应及时报告术者，并负责采取抢救措施。术中输液、输血等工作，也由麻醉助手负责。

五、保定助手

负责患病动物的保定和解除保定。必要时，可要求宠物主人协助进行。做好手术场所的消毒工作。

上述分工，对不同的手术可能不尽相同，要根据手术的大小和繁简、患病动物的种类、疾病的程度等决定。原则是既不浪费人力，又要有利于手术的进行。小的手术只要术者1人即可完成，一般的手术需2~3人，只有在做大手术时才需要配套齐全的手术人员。

任务2　手术计划拟订与手术记录

一、手术计划的拟订

手术计划的拟订是术前的必备工作，根据全身检查的结果，订出手术实施方案。手术计划是动物诊疗过程中非常重要的法律文件，是外科医生判断力的综合体现，也是检查判断力的依据。在手术进行中，有计划和有秩序地工作，可以减少手术中失误，即使出现意外情况，也有应对措施。如遇到紧急情况，没有时间拟订完整的计划，由术者召集有关人员进行简短而必要的交换意见，做出手术分工，对于手术的顺利进行是很有帮助的。手术计划不强求一律，可根据个人的习惯制定，但一般应包括如下内容。

(1)手术人员的组成与分工。

(2)保定方法和麻醉种类的选择(包括麻醉前给药)。

(3)术前对动物的准备工作，如术前给药、禁食、导尿、胃肠减压等。

(4)药品和器械的准备。

(5)手术通路及手术进程。

(6)手术方法及术中应注意事项。

(7)可能发生的手术并发症以及预防、急救措施，如虚脱、休克、窒息、大出血等。

(8)术后护理、治疗和饲养管理措施。

手术人员都要参与手术计划的制订，明确手术中各自分工，以保证手术的顺利进行。手术结束后器械助手要清点器械。全体手术人员都要认真总结手术中的经验教训，以提高手术水平及治愈率。

二、手术记录

完整的手术记录是总结手术经验，提高手术的技术水平，是临床、教学及科研的重要资料。因此术者或助手在手术过程中或手术后应详细填写手术记录。手术记录的主要内容包括：病畜登记、病史、病症摘要及诊断，手术名称、日期、保定及麻醉方法；手术部位、术式、手术用药种类及数量；患畜病灶的病理变化与手术前的诊断是否相符合；术后病畜的症状、饲养、护理及治疗措施等。

任务3　手术器械及物品的准备

一、手术器械的准备与消毒

(一)消毒前手术器械的准备

首先依据手术计划的要求，准备足够数量的手术器械，并注意每件器械的性能，以保障正常使用。然后洗刷器械表面的油脂和其他污物，并用清水去掉残留的洗涤剂。手术刀片、缝针、注射针头等散碎的物品，最好用纱布包好，以防散落而造成使用上的不便。

（二）常用消毒方法

1. 煮沸灭菌法

煮沸灭菌法是外科器械最常用的灭菌方法。此方法简便易行，不一定要求特别的灭菌器，可用一般的铝锅、铁锅等替代，非常适用于广大农村、畜牧场。将被灭菌的器械放入沸水中，在第二次沸腾后 20～30 min 即可杀死一般的细菌。

如果在水中加入碳酸氢钠使之成为 2％的碱性溶液，或加入氢氧化钠使之成为 0.25％的碱性溶液，既可加强灭菌能力，缩短灭菌时间，又可防止器械生锈。

2. 高压蒸汽灭菌法

此方法需要特制的高压灭菌器，即利用高压下的饱和蒸汽随压力增大而温度增高。这种方法可以杀死所有的微生物。一般用 1.05 kg/cm^2 的压力，经 15 min 即可。

3. 化学药物消毒法

化学药物消毒法是将被消毒的物品洗净后，浸泡于药液中，经一定时间可达到消毒目的。这种消毒方法虽然效果不确实，但使用方便，不需要特殊条件，因此在临床上也是常用的一种消毒方法。常用的消毒剂和使用方法如下。

（1）0.1％新洁尔灭溶液：毒性低，刺激性小，浸泡金属器械 30 min 可杀死一般的细菌，浸泡 18 h 可杀灭细菌芽孢。

（2）70％～75％酒精溶液：杀菌力强，浸泡 1 h 以上能有效杀灭细菌。

（3）5％来苏儿溶液：用于金属器械消毒，需浸泡 30 min 以上，使用前需用灭菌生理盐水冲洗干净。该药在手术消毒方面并不是理想的，多用于环境消毒。

4. 火焰灭菌法

火焰灭菌法主要用于搪瓷盘、器械盘以及紧急使用器械的消毒。在搪瓷盘中放入 95％以上的酒精，点燃即可将搪瓷盘与搪瓷盘中手术器械消毒，此方法灭菌效果确实，但对器械损害较大，尤其是对有刃的器械，可以使其变钝，所以手术器械除非在紧急需要的情况下，禁止使用火焰灭菌。

二、辅料及其他物品的准备与消毒

首先值得提出的是，随着现代外科学的发展以及经济水平的提高，一次性使用的止血纱布、手术创巾、手术衣帽和口罩等均已问世，在宠物临床上现已广泛使用，但在家畜临床上由于价格原因多不使用。

重复使用的这类用品系纯棉材料制成，临床使用之后可以回收再经灭菌后应用。止血纱布由通常用的医用脱脂纱布制成，根据具体需要，先裁成大小不等的方形纱布块，似手帕样，然后以对折的方法折叠，达到最后将剪断边缘的毛边完全折在内部为止。再将若干块这种止血纱布用纯棉的小方巾包成小包，这样便于灭菌和使用。止血纱布的大小依使用上的方便而定，没有特殊的规定，制作者可以自行决定。这些用品一般均采用高压蒸汽灭菌法，在121.6℃的条件下，经过不少于 30 min 的灭菌，则可达到完全无菌的要求。

丝（棉）线一般用煮沸或高压灭菌。在灭菌前将线用水浸湿，缠在玻片或胶管上。一般缠4～5 层，层次不能太多，否则灭菌不确实。最后按需要量的多少进行灭菌，反复多次灭菌可使线变脆，用时易断裂。

消毒的物品用布单包好，小而零散的则可以装入贮槽，或用小的布单包好。贮槽系用金属材料制成的特殊容器。灭菌前，将贮槽的底窗和侧窗（很多的小孔眼）完全打开。在灭菌后，从高压蒸汽灭菌器内取出时，立刻将底窗和侧窗关闭。贮槽在封闭的情况下，可以保证一周内的时间是无菌的。如果超过一周，则应考虑再次高压灭菌。施行灭菌的物品包裹不宜过大，包扎不宜过紧，排列不宜过密，以免影响高压蒸汽的进入，从而影响灭菌效果。

任务4　手术人员的准备与消毒

手术人员的手臂皮肤表面及毛囊、皮脂腺和汗腺中存在大量的细菌，尤其是皱褶和指甲缝隙内最多。皮脂腺和汗腺在分泌皮脂和汗液的同时，也将细菌不断地带到皮肤表面。因此手术人员的手臂消毒是防止手术感染的关键。通常手臂消毒有以下几个步骤。

一、剪短指甲

除去指甲边缘下的积垢，并将指甲边缘磨光滑。手术人员在术前应脱掉外衣，将内衣衣袖卷至肘关节以上或穿无袖衣服，充分裸露手臂，并戴上灭菌的手术帽和口罩，手术帽应把头发全部遮住。

二、手、臂的清洁与消毒

1. 手、臂的洗刷

用肥皂反复擦刷和用流水充分冲洗以对手臂进行初步的机械性消毒、处理。对手和臂进行洗刷时，最好用指刷沾肥皂按一定顺序擦刷，避免擦刷部位的遗漏，一般采取从指端到肘上顺序擦刷，全部擦刷一遍后，指端向上用流水（温水或自来水）将肥皂泡沫充分冲洗，然后用灭菌巾（或纱布）按上述顺序拭干。整个过程反复进行 2~3 次。

2. 手、臂的消毒

手、臂经上述的机械性清洗后，还必须经过化学药品的浸泡消毒，可做手、臂浸泡消毒的化学药品有多种，常用的如下：

（1）70%的酒精：浸泡或擦洗 5 min，浸泡前应将手、臂上的水分拭干，以免冲淡酒精浓度，影响酒精消毒效果。

（2）1:1 000 的新洁尔灭溶液：浸泡或擦洗 5 min。也可采用同样浓度的洗必泰或杜米芬溶液进行手、臂的消毒。这种方法在临床上被广泛采用。

已消毒的手臂不可接触任何未消毒物品，为此应双臂弯曲，两手置于胸前。如不马上进行操作，可用一块灭菌纱布盖住。

三、穿着无菌手术衣

手术人员在洗手并消毒手臂之后，取出高压灭菌的手术衣，两手提起手术衣领两端，抖开手术衣，使其不接触地面和术者，两手臂迅速伸入衣袖中，由助手协助在其背后，将衣带或腰带系好（图 5-1）。估计手术时出血或体液较多时，应加穿无菌橡皮围裙。手术衣以从后面系结的短袖长罩褂为佳，衣袖紧口并短至上臂的1/3处。通常动物不习惯白色，且白色又影响视力，故兽医临床的手术衣采用淡蓝色或淡绿色较为合理。

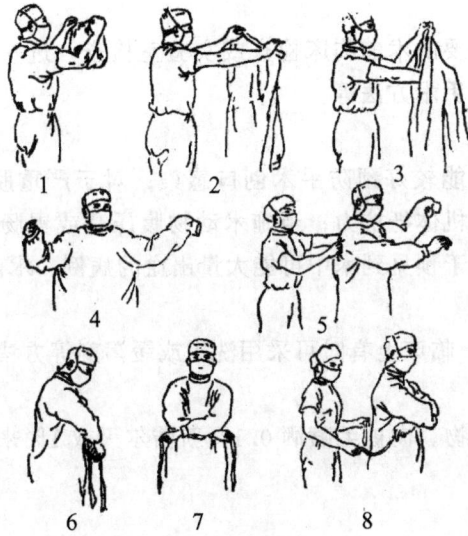

图 5-1 穿手术衣步骤

四、戴手套

戴手套有干戴和湿戴两种方法。前者在清洗消毒处理完手臂之后，用灭菌的干纱布擦干（或用少量的灭菌滑石粉）后穿戴。而后者则需要在手套内灌注一些无菌的药液（如 0.1% 新洁尔灭溶液），将双手沾湿容易戴入。目前，兽医临床上多采用 0.1% 新洁尔灭溶液浸泡消毒后湿戴法，这种方法很方便。现在临床上多选用一次性手套，这种手套在生产时已经灭菌处理，打开包装即可使用。

戴手套的步骤如图 5-2 所示。

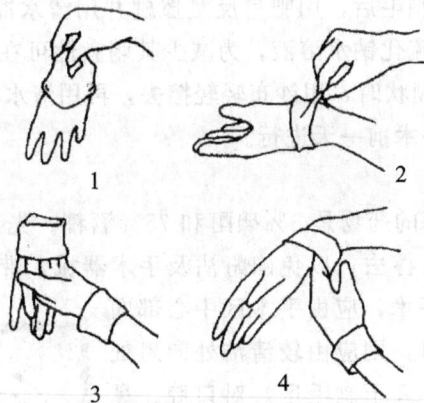

图 5-2 戴手套的步骤

任务 5　施术动物的准备

施术动物准备是外科手术的重要组成部分，尽可能使手术动物以正常生理状态进入手术过程中，提高动物对手术的耐受力。通常施术动物的术前准备包括以下工作。

一、术前检查

手术的基础工作，做必要的术前临床检查或实验室检查，进一步确诊疾病，然后制订手术计划，确定保定、麻醉及手术方法等。

二、术前治疗

术前给予抗生素注射，能较好预防手术创口感染；对于严重脱水、失血或体质虚弱者，可输液、强心、输血等增强机体抵抗力；当施术动物腹压高或胃肠臌气时，手术前最好穿刺放气，同时灌注止酵剂；对于预见到术中可能大量出血的病例，术前应给予止血剂。

三、禁食

术前 12～24 小时禁食，临床上有时可采用洗胃或缓泻剂等方法排空胃肠道内容物。

四、畜体准备

刷洗动物体表，除去污物。向被毛喷洒 0.1％新洁尔灭或 1％来苏儿，防止污物飞扬，污染创口。

五、预防注射

非紧急手术前一周注射破伤风类毒素，紧急手术可与手术同时注射破伤风抗毒素，大家畜 20 000 万～30 000 万 IU，小家畜 3 000～4 000 IU。

任务6　手术部位的准备

术部准备通常分为三个步骤：术部除毛、术部消毒、术部隔离。

一、术部除毛

动物的被毛浓密，容易沾染污物，并藏有大量的微生物，因此手术前必须进行除毛。一般是先用剪毛剪逆毛流剪除术部被毛，再用温肥皂水反复刷洗，然后顺毛流剃毛。剃毛的范围一般为手术区的 2～3 倍。剃毛后，用肥皂反复擦刷并用清水冲净，最后用灭菌纱布拭干。另外也可用脱毛剂(6％～8％硫化钠水溶液，为减少其刺激性可在每 100 mL 溶液中加入甘油 10 g)在术部涂抹，待被毛呈糊状时，用纱布轻轻擦去，再用清水洗净即可。为减少对术部皮肤的刺激，术部除毛最好在手术前一天进行。

二、术部消毒

术部的皮肤消毒，最常用的药物是 5％碘酊和 75％酒精。先用酒精脱脂，干后用碘酊消毒，完全干后再以酒精将碘酊擦去，以免碘酊沾及手术器械，带入创内造成不必要的刺激。在消毒时要注意：如是无菌手术，应由手术区中心部向四周涂擦；如是已感染的创口，则应由较清洁处向患处涂擦(图 5-3)。消毒的范围要大于剃毛区。对口腔、鼻腔、阴道、肛门等处黏膜的消毒不可使用碘酊，可用刺激性较小的 0.05％～0.1％新洁尔灭、0.1％利凡诺等溶液，涂擦 2～3 遍。重复涂擦时，必须待前次药品干后再涂。眼结膜多用 2％～4％硼酸溶液消毒；四肢末端手术用 2％煤酚皂溶液脚浴消毒。

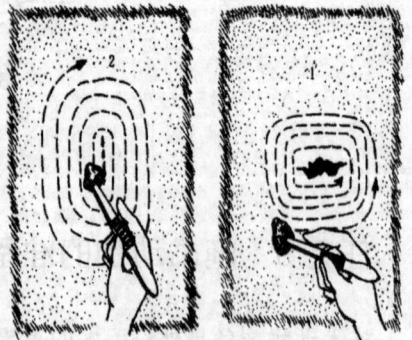

图 5-3　术部皮肤的消毒

三、术部隔离

采用大块有孔创巾覆盖于手术区，仅在中间露出切口部位，使术部与周围完全隔离，也可用四块创巾隔离术部。手术巾一般用巾钳固定在皮肤上，也可用缝合代替巾钳(图 5-4)。

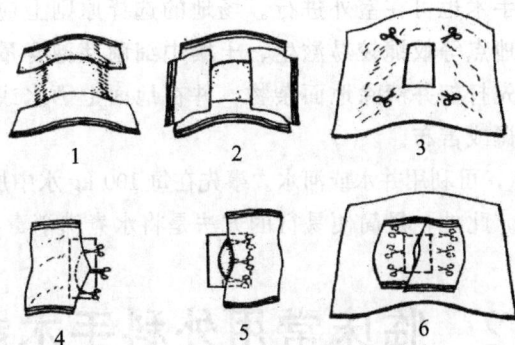

图 5-4 术部隔离示意图

任务 7 手术场地的消毒

手术前要对手术场地进行消毒，对于减少手术感染，保证手术的成功具有一定的意义。

一、手术室消毒

手术室应由专人管理，平时要进行定期的清洁、消毒。每次手术后应立即清洗地面和擦洗手术台、器械台等，每次手术前应按下列方法进行手术室的消毒。

1. 化学消毒剂喷洒法

用 2％～3％来苏儿或石炭酸溶液喷洒地面和擦洗手术台、器械台等，或将上述药液装入喷雾器内进行喷雾消毒，而后关闭门窗 1 h 即可。

2. 化学消毒剂熏蒸法

此法近年来应用较广，熏蒸法与喷洒法比较，熏蒸法相对节约药品，同时消毒效果较理想。

(1)甲醛加热熏蒸法。每立方米 40％甲醛 2 mL 的量，置于容器内加热蒸发，密闭门窗 2 h。

(2)高锰酸钾氧化甲醛熏蒸法。每立方米空间用高锰酸钾粉 1 g，置于容器内，再倒入 40％甲醛 2 mL，立即氧化产生甲醛气，密闭门窗 6 h。

3. 紫外线照射灭菌法

该法主要用于手术室内的空气灭菌。紫外线灯距地面不应超过 3 m，照射时间一般为 1～3 h。紫外线直接照射可引起结膜炎，在照射时工作人员应离开手术室，停止照射后再开始进行手术。

二、临时手术场地消毒

由于客观条件的限制及兽医工作的特殊性，手术人员往往不得不在没有手术室的情况下施行外科手术。为此，兽医工作者必须积极创造条件，选择一个临时性的手术场地。

在房舍内进行手术，可以避风雨、烈日，尤其是减少空气污染的机会，这是尽力达到的条件，尤其是北方严寒的冬季，更是必要的。在普通房舍进行手术时，也要尽可能创造手术室应具备的条件。例如首先要有较大的空间，最好没有杂物。地面、墙壁用消毒药液充分喷洒，避免尘土飞扬。为了防止屋顶灰尘跌落，必要时可在适当高度张挂布单、油布或塑料薄膜等，一般能遮蔽患病动物及器械即可。在刮风的天气，还应注意严闭门窗。

在晴朗无风的天气，手术也可在室外进行。场地的选择原则上应远离大路，避免尘土飞扬，也应远离畜舍和积肥地点等蚊蝇较易滋生、土壤中细菌芽孢含量较多的场地。最好选择能避风而平坦的空地，事先打扫并清除地面杂物，并在地面上洒水或消毒药液。需要侧卧保定的手术，应设简易的垫褥或苫布。

在无自来水供应的地点，可利用井水或河水。事先在每 100 kg 水中加入明矾 2 g 及漂白粉 2 g，充分搅拌，待澄清后使用。此外，最简便易行的方法是将水煮沸消毒，还可除去很多杂质。

项目 2　临床常用外科手术器械

任务　常用外科手术器械使用与识别

一、手术刀

（一）手术刀的结构和分类

手术刀主要用于切开和分离组织，有固定式和活动式两种。现在临床上常用的是活动式手术刀，由刀柄和刀片两部分组成，可以随时更换刀片，保持手术刀的锋利。

一般常用的刀柄规格有 4、6、8 号，用于安装 19～24 号刀片；3、5、7 号用于安装 18 号以下刀片。动物临床上常用 4 号刀柄，当然也可以根据针对的动物种类不同以及手术部位、性质的不同，选择其他规格的刀柄以及相对应的刀片。

不同类型的手术刀片及刀柄如图 5-5 所示。

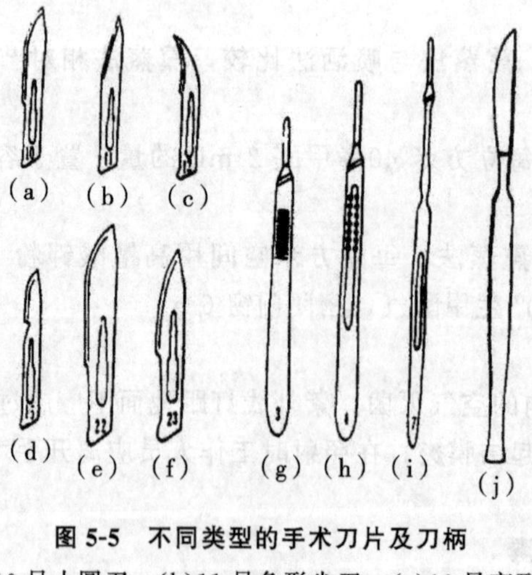

图 5-5　不同类型的手术刀片及刀柄

（a）10 号小圆刀；（b）11 号角形尖刀；（c）12 号弯形刀

（d）15 号小圆刀；（e）22 号大圆刀；（f）23 号圆形大尖刀；

（g）～（j）刀柄

（二）更换刀片

更换刀片有两种方法，一种是徒手更换，一种是器械更换。

1. 徒手更换

安装新刀片时，左手持刀柄，右手抓刀片的背侧，先使刀柄顶端两侧浅槽与刀片中孔上端狭窄部分衔接，然后轻压刀片，使刀片落于刀柄前端的槽缝内。更换刀片时，与上述动作相反，右手拇指和食指捏刀片背侧，中指挑起刀片尾端，用左手拇指顶住前推，同时右手拇指和中指用力，使刀片和刀柄分离。

2. 器械更换

和徒手更换方法基本相同，不过是用止血钳或持针钳夹持刀片完成更换。注意用力不可过猛，以免折断刀片（图 5-6）。

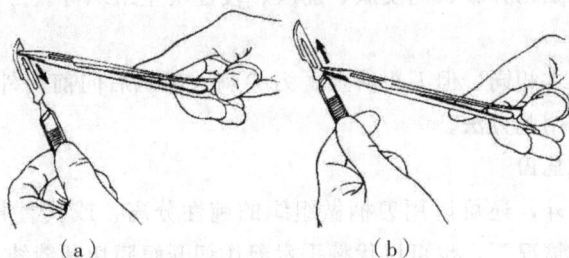

（a）　　　　　　　　　（b）

图 5-6　手术刀片装、取法

（a）装刀片法；（b）取刀片法

（三）使用手术刀

使用手术刀的关键在于稳重而精确的动作，执刀的方法必须正确，动作的力量适当，才能保证手术的顺利进行。根据手术对执刀姿势和力量的需要不同，常用的执刀方法有以下几种（图 5-7）。

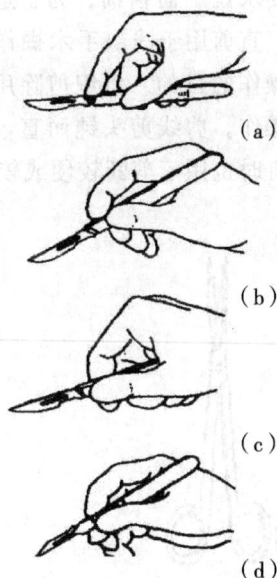

（a）

（b）

（c）

（d）

图 5-7　执手术刀的姿势

（a）指压式；（b）执笔式；（c）全握式；（d）反挑式

1. 指压式

以拇指与中指、无名指捏住刀柄的执手槽（刻痕处），食指按于刀刃背部后 1/3 处。用刀片之圆凸部分，也即刀片之最锋利部分，以手腕力量完成切割。此法动作范围大，切开平稳有力，适用于切开皮肤、腹膜及切断钳夹组织。

2. 执笔式

临床上最常用的一种持刀法。如同执钢笔姿势，动作涉及腕部，力量主要在手指。此种方法力量较小，但操作灵活，适用于短距离精细操作，用于切割小切口，分离血管、神经等重要的组织或器官。

3. 全握式

全手握持刀柄，拇指与食指紧捏刀柄的执手槽处。此种切开法力量较大，适用于切割范围较大或坚韧的组织，如切开较长的皮肤、筋膜、慢性增生组织等。

4. 反挑式

执刀法与执笔式基本相同，但刀刃向上，刀尖刺入组织后向前向外推进切开，以免损伤深层组织，切开腹膜常用此方法。

（四）手术刀的使用范围

除用刀刃切割组织外，还可以用刀柄做组织的钝性分离，或代替骨膜分离器剥离骨膜。在手术器械数量不足的情况下，也可以代替手术剪作切开腹膜切断缝线等。

随着激光医学的发展，已有二氧化碳激光及氩离子激光"光刀"等，它不仅能切开组织，而且能封闭凝结在切口的小血管。

二、手术剪

（一）手术剪的分类

依据用途不同，手术剪可分为两种。一种是沿组织间隙分离和剪断组织的组织剪（图 5-8）；另一种是用于剪断缝线的剪线剪（图 5-9）。由于二者的作用不同，所以其结构和要求标准也有所不同。组织剪的尖端较薄，剪刃要求锐利而精细。为了适应不同性质和部位的手术，组织剪分大、小、长、短和弯、直几种。直剪用于浅部手术操作，弯剪用于深部组织分离，使手和剪柄不妨碍视线，从而达到安全操作的目的。组织剪除用于剪开组织外，有时也用于分离组织，扩大组织间隙，以便进一步操作。剪线剪头钝而直，在质量和形式上的要求不如组织剪严格，但也应足够锋利，这种剪有时也用于剪断较硬或较厚的组织。

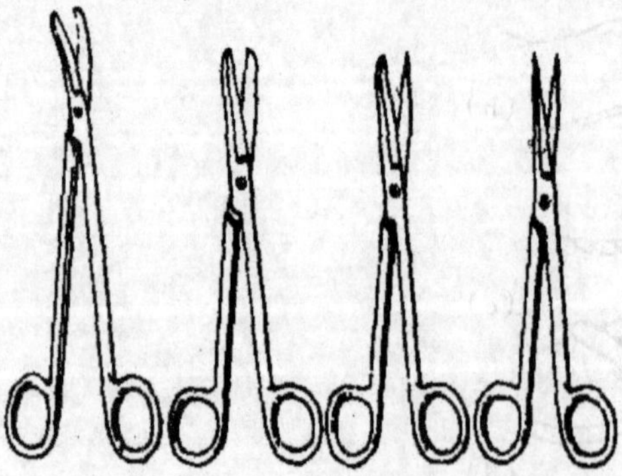

图 5-8　手术剪（组织剪） 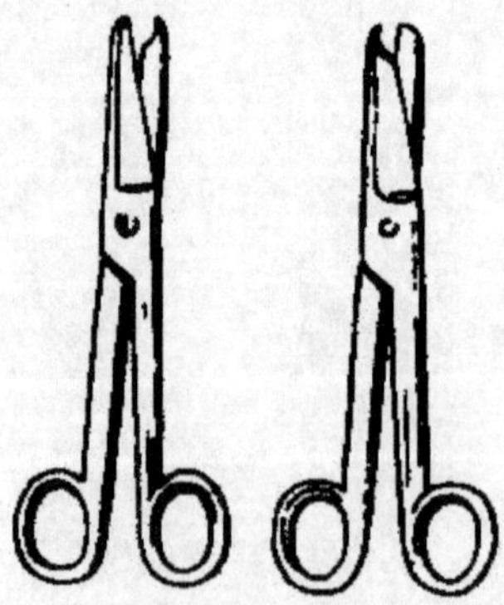　　　　　　　　　　**图 5-9　剪线剪**

线剪与组织剪的区别在于组织剪的刃锐薄，线剪的刃较钝厚。所以，绝不能图方便、贪快，以组织剪代替线剪，以致损坏刀刃，造成浪费。

（二）手术剪的使用方法

执剪的方法是以拇指和无名指插入剪柄的两侧环内，但不宜插入过深；食指轻压在剪刀的关节处，拇指、中指、第四指控制手术剪开合，食指稳定和控制剪的方向（图 5-10）。

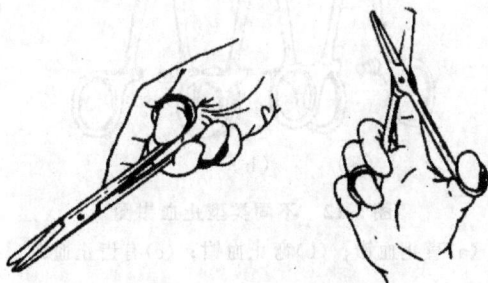

图 5-10　执手术剪姿势

三、手术镊

（一）手术镊的分类

根据镊的尖端形状不同可分为有齿镊和无齿镊两种，可按需要选择，有不同的长度。

（二）手术镊的用途

手术镊主要用于夹持、稳定或提起组织以利切开及缝合。有齿镊损伤性较大，主要用于夹持坚硬组织如皮肤、肌腱；无齿镊损伤性小，用于脆弱组织如黏膜、血管、神经及脏器等。

（三）手术镊的使用方法

执镊子的方法有两种，一种是拳握式，用来夹持棉球涂擦消毒或夹持皮肤等硬的组织；另一种是以拇指与食指、中指相对捏执镊子中段，用力稳定而灵活。手术中多用右手持手术刀或剪进行手术，故用左手执镊（图 5-11）。

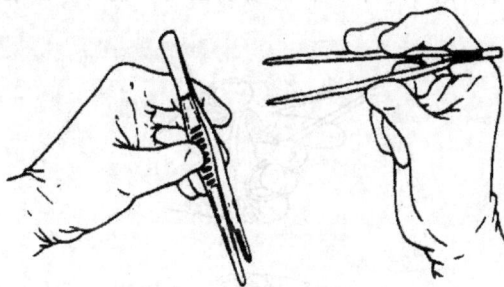

图 5-11　执手术镊姿势

四、止血钳

（一）止血钳的分类

止血钳又称血管钳（图 5-12），血管钳在结构上主要的不同是齿槽，由于手术操作的需要，齿槽分为直、弯、直角等。常见的有直、弯两种，还有有齿血管钳（全齿槽），蚊式直、弯血管钳等。止血钳尖端有齿的部位用于夹持较厚的坚韧组织。

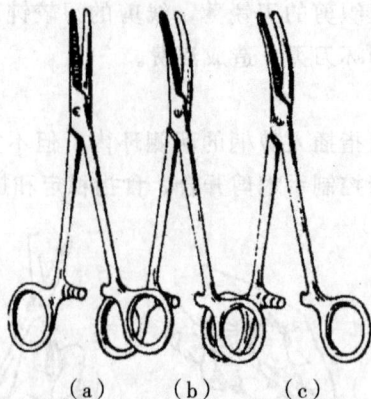

图5-12 不同类型止血钳图

(a)直止血钳；(b)弯止血钳；(c)有齿止血钳

（二）止血钳的用途

止血钳主要用于夹住出血部位的血管或出血点，以达到直接钳夹止血，直钳用于浅表组织和皮下止血，弯钳用于深部止血。由于钳的前端平滑，易插入筋膜内，不易刺破静脉，也供分离解剖组织用。还可用于牵引缝线、拔出缝针，或代镊使用。无损伤血管钳是用于血管手术的血管钳，齿槽的齿较细、较浅，弹性较好，对组织的压榨作用及对血管壁、血管内膜的损伤均较轻。

（三）止血钳的使用方法

1. 执钳法

执拿止血钳的方法同执剪法，夹持血管后适当用力锁上锁扣，以防松开。

2. 松钳法

如用右手时，将拇指及无名指插入柄环内捏紧使扣分开，再将拇指下压并稍前推即可；如用左手时，拇指及食指持一柄环，第三、四指顶住另一柄环，二者相对用力，即可松开（如图5-13）。

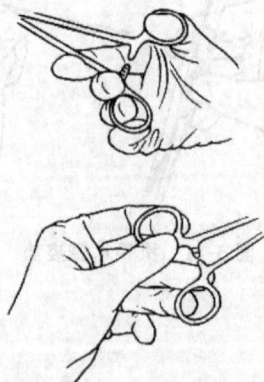

图5-13 右手及左手松钳法

五、持针钳

（一）持针钳的分类

持针钳也称持针器，有两种类型，即钳式持针钳和握式持针钳，如图 5-14(a)(b)所示。

（二）持针钳的用途

持针钳主要用于夹持缝针（主要是弯针）缝合各种组织。有时也用于器械打结。用持针器的尖夹住缝针的中、后 1/3 交界处，多数情况下夹持的针尖应向左，特殊情况可向右，缝线应重叠 1/3，且将缝线重叠部分也放于针嘴内。在兽医外科临床上大动物常使用握式持针钳，小动物常用钳式持针钳。

（三）持针钳的使用方法

1. 掌握法

掌握法也叫一把抓或满把握，即用手掌握拿持针钳，如图 5-14(c)所示。钳环紧贴大鱼肌，拇指、中指、无名指和小指分别压在钳柄上，后三指并拢起固定作用，食指压在持针钳前部近轴节处。利用拇指及大鱼际肌和掌指关节活动推展，张开持针钳柄环上的齿扣，松开齿扣及控制持针钳的张口大小来持针。合拢时，拇指及大鱼肌与其余掌指部分对握即将扣锁住。此法缝合稳健，容易改变缝合针的方向，缝合顺利，操作方便。

2. 掌指法

拇指套入钳环内，食指压在钳的前半部做支撑引导，余三指压钳环固定于掌中。拇指可以上下开闭活动，控制持针钳的张开与合拢。

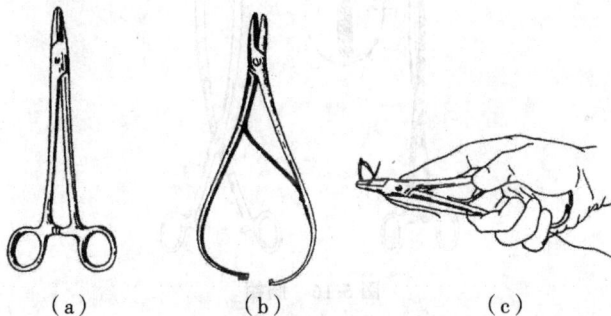

图 5-14　持针钳

(a)钳式持针钳；(b)握式持针钳；(c)掌握法

六、其他常用钳类器械

（一）海绵钳（卵圆钳）

海绵钳也叫持物钳，分为有齿纹、无齿纹两种。有齿纹的主要用以夹持、传递已消毒的器械、缝线、缝针、敷料、引流管等；也用于钳夹蘸有消毒液的纱布，以消毒手术野的皮肤，或用于术野深处拭血，无齿纹的用于夹持脏器，协助暴露。换药室及手术室通常将无菌持物钳置于消毒的大口量杯或大口瓶内，内盛刀剪药液。

（二）组织钳

组织钳又叫鼠齿钳。对组织的压榨较血管钳轻，故一般用以夹持软组织，不易滑脱，如夹持牵引被切除的病变部位，以利于手术进行，钳夹纱布垫与切口边缘的皮下组织，避免切口内组织被污染。

（三）布巾钳（图 5-15）

布巾钳用于固定铺盖手术切口周围的手术巾，隔离术部与周围体躯。

图 5-15　布巾钳

（四）直角钳

直角钳用于游离和绕过主要血管、胆道等组织的后壁，如胃左动脉、胆囊管等。

（五）肠钳（肠吻合钳）（图 5-16）

肠钳（肠吻合钳）用于夹持肠管，齿槽薄，弹性好，对组织损伤小，使用时可外套乳胶管，以减少对肠壁的损伤。

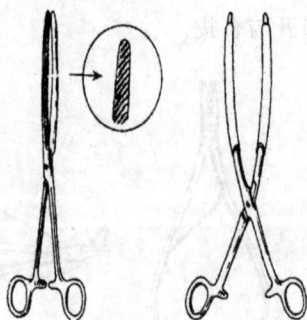

图 5-16　肠钳

（六）胃钳

胃钳用于钳夹胃以利于胃肠吻合，轴为多关节，力量大，压榨力强，齿槽为直纹且较深，组织不易滑脱。

七、牵引钩类

（一）手持牵开器（图 5-17）

手持牵开器由牵开片和手柄两部分组成，按手术部位和深度的需要，牵开片有不同的形状、长短和宽窄。目前使用较多的牵开片为平滑钩状，对组织损伤较小。其优点是可随手术操作的需要灵活改变牵引的部位、方向和力量；缺点是手术持续时间较长时，助手容易疲劳。

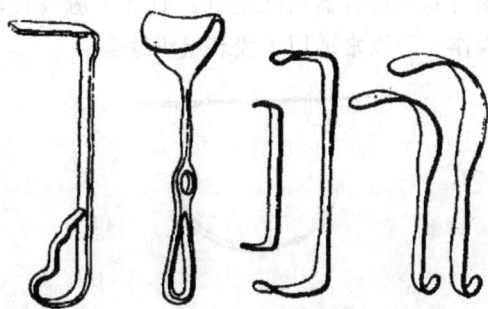

图 5-17　手持牵开器

1. 皮肤拉钩

皮肤拉钩为耙状牵开器，用于浅部手术的皮肤拉开。

2. 甲状腺拉钩

甲状腺拉钩为平钩状，常用于甲状腺部位的牵拉暴露，也常用于腹部手术作腹壁切开时的皮肤、肌肉牵拉。

3. 钩状牵开器

钩状牵开器用于阑尾、疝等手术，用于腹壁牵拉。

4. 腹腔平头拉钩

腹腔平头拉钩为较宽大的平滑钩状，用于腹腔较大的手术。

5. S 状拉钩

S 状拉钩是一种如"S"状腹腔深部拉钩。使用拉钩时，应以纱垫将拉钩与组织隔开，拉力应均匀，不应突然用力或用力过大，以免损伤组织，正确持拉钩的方法是掌心向上。

6. 自动拉钩

自动拉钩为自行固定牵开器，腹腔、盆腔、胸腔手术均可应用。

（二）固定牵开器（图 5-18）

固定牵开器也有多种类型，多用于牵引时间较长而力量较大的创口。

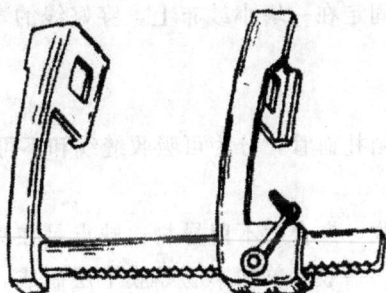

图 5-18　固定牵开器

八、缝合针与缝线

（一）缝合针

缝合针主要用于闭合组织或贯穿结扎。根据形状缝针可分为弯针、直针两种。弯针有 1/2 弧形、3/8 弧形和半弯形等（图 5-19），弯针有一定弧度可缝合较深组织，并可在深部腔穴内操作，应用范围较广，使用时需用持针器钳住缝针；直针一般较长，可用手直接操作，动作较快，但需要较大的空间操作，所以常适用于浅表组织缝合。

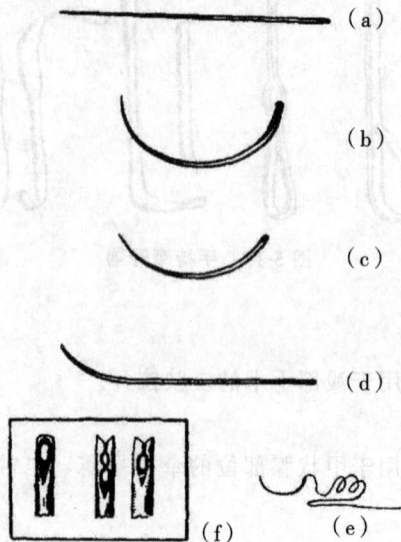

图 5-19　缝合针的种类
(a)直针；(b)1/2 弧形；(c)3/8 弧形；(d)半弯形；(e)无损伤缝针；
(f)弹机孔缝针针尾构造

根据缝针尖端横断面又分为圆形和三角形。断面为圆形者称为圆针，一般用于软组织的缝合，直圆针多用于胃肠、子宫等内脏器官的缝合；弯圆针多用于肌肉、筋膜等组织的缝合。断面为三角形者称为三棱针。三棱针有锐利的刃缘，能穿过较厚致密组织，一般用于缝合皮肤，有时也用于缝合肌腱、软骨、瘢痕等坚韧组织。

此外还有一种已将缝线包在针尾部的缝针，针尾较细，仅单股缝线穿过组织，缝合孔道小，因此对组织损伤小，又称为"无损伤缝针"。这种缝针有特定无菌包装，可以直接利用，现在宠物临床上已广泛使用，多用于血管、胃肠等组织的缝合。

使用时将缝针按大小排列固定在一块小纱布上，穿好线的弯针应夹持在持针器上，针尖朝上，针尾朝下以备用。

（二）缝线

缝线主要用于闭合组织和结扎血管，分为可吸收缝线和不可吸收缝线两种。

1. 可吸收缝线

其优点是可在组织内被吸收，愈合后不留异物；缺点是在吸收过程中可引起较大的组织炎性反应。临床上常用的肠线，一般由羊的小肠黏膜下层制成，主要为结缔组织和少量弹力纤维。主要用于尿道、膀胱、子宫、胃肠等黏膜层的缝合。但缝合时要注意，由于肠线被水浸湿后易于松弛，在打结时要用三叠结，而且线头应留得较长，以免松脱。

除肠线外，临床上还有一种合成的可吸收性缝线即聚乙醇酸线，它具有丝线的操持性和合成线的张力，组织反应比肠线要小，其应用同肠线。

2. 不可吸收缝线

不可吸收缝线有金属线和非金属线两种。非金属线有丝线、棉线、麻线、尼龙线等，最常用的是丝线。金属线最常用的是不锈钢丝。

在外科手术中最常用的是丝线，其优点是有柔韧性，组织反应小，耐高温高压，易于打结，而且结非常牢固，拉力较大，价格低廉；缺点是在组织内不能被吸收，永久留有异物，因此在不影响手术效果的前提下，尽量选用细丝线缝合。

项目 3　麻醉技术

任务 1　局部麻醉技术

一、局部麻醉方法

（一）表面麻醉

利用麻醉药的渗透作用，使其透过黏膜而阻滞浅在的神经末梢功能，称为表面麻醉，如口鼻、直肠的黏膜麻醉。

（二）局部浸润麻醉（图 5-20）

沿手术切口向皮下注射或部分分层注射局部麻醉药，阻滞神经末梢的功能，称为浸润麻醉。常用 0.25%～1% 普鲁卡因。注射方法：先将针头插至所需深度，然后一边退针一边推注药液，可以在一个刺入点，向不同的方向分次注入药液。

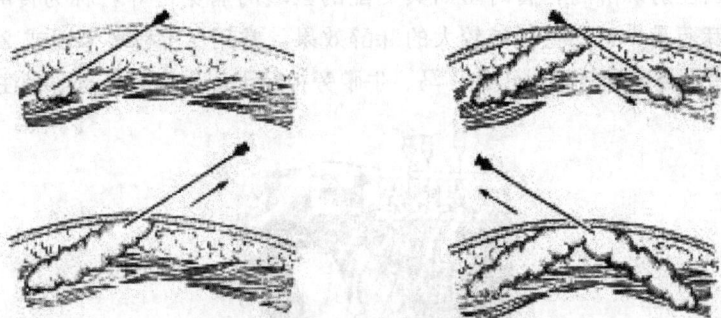

图 5-20　浸润麻醉注射

麻醉方式有直线浸润麻醉、菱形浸润麻醉、扇形浸润麻醉、基部和分层浸润麻醉等（图 5-21、图 5-22、图 5-23、图 5-24）。

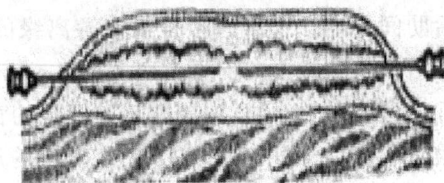

图 5-21　直线浸润麻醉

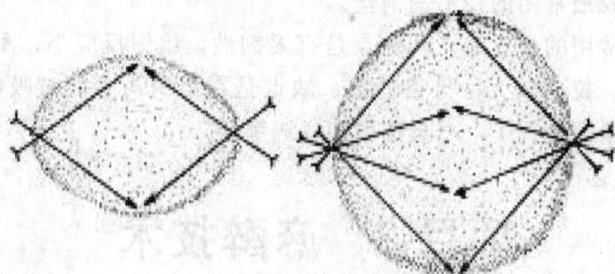

图 5-22　菱形浸润麻醉

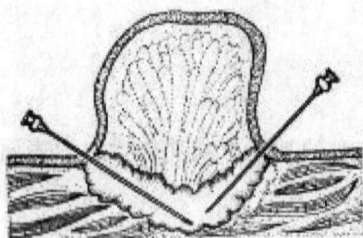

图 5-23　扇形浸润麻醉

图 5-24　基部和分层浸润麻醉

（三）传导麻醉

在神经干周围注射麻醉药，暂时阻断其支配的区域的痛觉传导，称为传导麻醉。传导麻醉的特点是使用麻药量少，产生区域较大的麻醉效果，常用 2% 利多卡因或 2%～5% 普鲁卡因，药的浓度和用量与麻醉效果成正比。马、牛腰旁神经干传导麻醉各有 3 个注射点（图 5-25）。

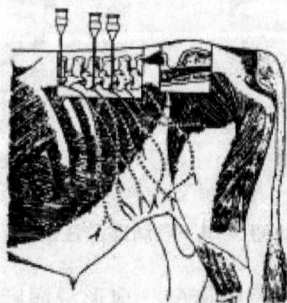

图 5-25　腰旁神经干传导麻醉

第一针注射点：麻醉最后肋间神经。于第一腰椎横突游离缘的前角，垂直皮肤刺入针头直达骨面，然后针头稍后退，沿前角骨缘再向前下方刺入 0.5 cm，注射 3% 盐酸普鲁卡因 10 mL，然后将针头提至皮下再注射药液 10 mL，以麻醉该神经干的背侧支。

第二针注射点：麻醉髂腹下神经。于第二腰椎横突游离缘的后角，垂直皮肤刺入针头，直达骨面，然后针头稍后退，在沿后角骨缘向后下方刺入 0.5 cm，注射 3% 盐酸普鲁卡因溶液 10 mL，然后将针头提至皮下再注射药液 10 mL。

第三针注射点：麻醉髂腹股沟神经。牛的注射部位在第四腰椎横突游离缘的前角，马的注射部位在第三腰椎横突游离缘的后角，操作方法及用量同第一针。

腰旁神经干注射药液 15 min 后产生麻醉，持续时间 1～2 h，可用于腹后侧壁的手术。

（四）脊髓麻醉

将局麻药注射到脊髓椎管内，阻滞脊神经的传导。使其所支配的区域无痛，称为脊髓麻醉。兽医临床上多数采用硬外腔麻醉，医学上还有蛛网膜下腔麻醉。脊髓麻醉注射部位有三个：一是第一、二尾椎间隙，二是荐骨与尾椎间隙，三是腰、荐椎间隙。第一处操作最方便，确定第一、二尾椎方法：一手将尾上下晃动，另一手指端抵于动物尾根背部中线，可探知尾根固定和活动部分的横沟，即为第一、二尾椎间隙，在横沟与中线交点处进针（图 5-26、图 5-27）。消毒术部，以 45°～60° 角进针 3～4 cm 可刺入硬膜外腔。进针时可感觉到刺破弓间韧带至坚硬尾椎骨体，稍退针头，无回血，即可注射药液。若位置正确，药液注入应无过大

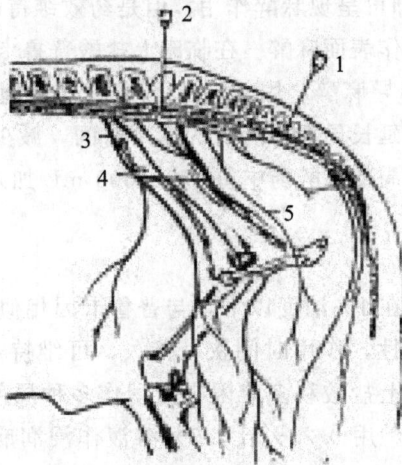

图 5-26　脊髓麻醉的解剖定位

1. 荐尾椎间隙硬外腔；2. 腰荐间隙硬外腔；3. 股神经；4. 坐骨神经；5. 阴部神经

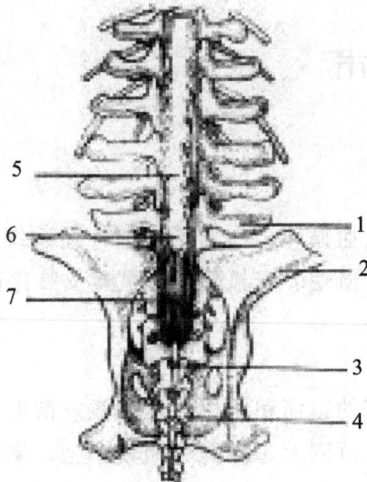

图 5-27　腰椎部至尾椎的骨性标志

1. 最后腰椎横突；2. 髋结节；3. 第一尾椎；
4. 第二尾椎；5. 脊髓；6. 脊髓圆锥；7. 尾椎

阻力。根据注射剂量大小可分为前位硬膜外腔和后位硬膜外腔。对前者施药，药量大，向前扩散至第二荐神经或更前方，动物常站立不稳或倒地。对后者施药，药量小，仅使注射部位少数神经根麻醉，动物能维持站立状态，常应用于难产、尾部、会阴、直肠、膀胱等的手术。例如牛的硬膜外腔麻醉可用2％普鲁卡因10～15 mL；利多卡因5～10 mL；猪和羊的硬膜外腔麻醉多选用荐尾椎间隙或腰荐椎间隙，可用3％普鲁卡因3～5 mL 或1％～2％利多卡因2～5 mL。前位硬膜外腔可用3％普鲁卡因，最多不超过10 mL。

二、常用的局部麻醉药

（一）盐酸普鲁卡因

为临床上常用的局部麻醉药，其特点为毒性小，对感觉神经亲和力强，使用安全，药效迅速，注入组织后1～3分钟即可呈现麻醉作用，但是药效维持时间短，一般在45～60 min，其渗透组织的能力弱，一般不作表面麻醉。在临床上盐酸普鲁卡因常用0.5％～1％溶液作浸润麻醉；用2％～5％溶液作传导麻醉；用2％～3％溶液作脊髓麻醉；用4％～5％溶液作关节腔封闭麻醉。在临床上为了延长局部麻醉药的作用时间，减少创口出血，降低组织对局部麻醉药吸收过多、过快，常在局部麻醉药中每250～500 mL 加入0.1％肾上腺素溶液1 mL，以延长局部麻醉药的作用时间。

（二）盐酸利多卡因

其特点为麻醉强度与毒性在1％浓度以下，与普鲁卡因相似，2％浓度的麻醉强度提高2倍，具有较强的穿透性和扩散性，作用时间快、持久，可维持1 h 以上，对组织无刺激性，但毒性较普鲁卡因稍大。临床上盐酸利多卡因也可用作多种局部麻醉，用2.5％溶液作表面麻醉，用2％溶液作传导麻醉，用0.25％～0.5％溶液作浸润麻醉，用2％溶液作硬膜外腔麻醉。

（三）盐酸丁卡因

局部麻醉作用强，迅速，穿透力强。常用于表面麻醉，其毒性较普鲁卡因强12～13倍、麻醉效果强10倍。常用0.5％用于角膜麻醉，用1％～2％用于口鼻黏膜麻醉。

任务2　全身麻醉技术

一、吸入麻醉

（一）麻醉方法

麻醉药经呼吸道吸入后进入血循环，作用于中枢神经系统而产生麻醉作用，称为吸入麻醉。常用的吸入麻醉药有乙醚、氟烷、安氟醚、异氟醚及氧化亚氮等。

（二）吸入麻醉药的种类

1. 乙醚

乙醚麻醉性能很强，有良好的镇痛和肌松作用。浅麻醉时有兴奋交感作用，深麻醉时则呈抑制作用。乙醚毒性小，安全范围大，麻醉分期较典型，麻醉深度有明显可靠的体征而易于控制。麻醉前经常使用阿托品。

乙醚麻醉适用于各种手术，在使用其他辅助药的基础上，进行乙醚浅麻醉，则是临床常用的一种复合麻醉。但不适用于麻醉诱导。呼吸道急性感染，糖尿病，颅内压增高，肝肾功能严重损害者均属禁忌。

2. 氟烷

氟烷麻醉效能较强，麻醉诱导迅速，通常吸入 1% 浓度的氟烷，0.5 min 内即可使动物神志消失，麻醉后恢复快而舒适。有效而安全的浓度为 0.5%~2%。对呼吸道无刺激性，不增加呼吸道分泌物，可松弛支气管平滑肌。浅麻醉时即可抑制呼吸，但能维持正常通气量。麻醉加深时呼吸抑制更明显，应行辅助呼吸。氟烷有明显的扩张血管作用，且能直接抑制心肌和阻滞交感神经节，麻醉稍深，呈现血压下降和心动过缓，故可用作控制性降压以减少手术的出血。氟烷能使心肌对儿茶酚胺的敏感性增强，若和肾上腺素同用会造成心律失常。氟烷有强力子宫肌松弛作用，能增加产后出血。对肝脏有毒性，可间接或直接导致肝细胞坏死，可能由于代谢产物三氟乙酸的毒性作用或是通过免疫抑制所致。

氟烷很少用作开放点滴吸入，多用紧闭或半紧闭法，使用控制氟烷浓度的蒸发器或用普通蒸发器去芯，分期用药。常与氧化亚氮或静脉麻醉复合使用。氟烷是兽医临床上应用较为普遍的吸入麻醉药。

3. 安氟醚（易使宁）

安氟醚麻醉性能强，常用浓度为 0.5%~2%，诱导和苏醒快而舒适。对呼吸道无刺激性，不增加气道分泌，能扩张支气管。肌肉松弛良好，对子宫平滑肌有一定抑制作用。可降低眼内压。一般麻醉药浓度下对循环抑制轻，心律稳定，可合用肾上腺素，深麻醉时出现呼吸抑制和血压下降。对血化学亦无明显影响。在体内生化转化很少，血浆代谢氟化物低，对肝、肾功能影响较氟烷、甲氧氟烷轻。在医学临床上已取代氟烷并广泛使用。

4. 异氟醚

异氟醚麻醉性能强，常用浓度为 0.5%~1.5%。与安氟醚相比，对循环功能影响更小，即使有儿茶酚胺的存在仍可使用。肌松作用较强。生化转变最低，其代谢无机氟量极微，几乎全部以原形从肺呼出，对肝脏的毒性最低。在临床麻醉深度对颅内压影响不大，不引起抽搐，是较好的吸入全麻药。

二、非吸入麻醉

（一）麻醉方法

非吸入麻醉的给药途径有多种，如静脉内注射、皮下注射、肌肉注射、腹腔注射、口服给药及直肠灌注等。其中静脉内给药方法因作用迅速、确实，在兽医外科临床上占有重要地位。

（二）非吸入麻醉药的种类

1. 非巴比妥类

（1）水合氯醛。水合氯醛是马属动物的首选麻醉药。多静脉给药，治疗上也可口服和直肠给药。水合氯醛催眠效果好，镇痛效果稍差。催眠剂量的维持时间可达数小时，所以本品全麻后的苏醒时间较长。本品对延髓的神经中枢影响不明显，但应用较大剂量时可抑制呼吸，出现血压下降。其麻醉剂量与中毒剂量相差范围很窄，故深麻醉时安全范围并不大。另外，水合氯醛溶液对组织的刺激性很强，如果在静脉麻醉时漏出血管外，可导致剧烈的炎症，甚至化脓和坏死。临床上应用浓度为 5%~10%，避免漏出到血管外。口服或灌肠时应用淀粉糊配成 1%~3% 的溶液使用。该药的迷走效应之一是引起大量流涎，在牛和羊尤甚，所以，阿托品作为麻醉前给药是必须的措施，否则可能导致麻醉中的误吸。

（2）速眠新（846 合剂）。速眠新是近年来在兽医临床上新出现的复合麻醉剂，该药作用迅速，维持镇静时间长，使用方便。出售时配有苏醒灵作为专用解毒药供应。在犬经常见到用药后呕吐，应注意禁食，防止误吸。

2.巴比妥类

(1)硫喷妥钠。硫喷妥钠为一种速效的巴比妥类药，对中枢神经系统有强烈而短暂的抑制作用，但镇痛效能差，神志消失后遇到痛刺激，除非全麻深度已接近于呼吸暂停，仍不免有躁动。对呼吸中枢有明显的抑制作用，特别是当静脉注射速度过快时更为显著。对交感神经有抑制作用，而使副交感神经相对兴奋，因此易发生喉痉挛及支气管痉挛。能抑制心肌和扩张外周血管，短时内快速注入大量药物则易发生血压下降。除咀嚼肌外对其他肌肉无松弛作用。深麻醉下能抑制子宫收缩，可透过胎盘而影响胎儿。此外，又能降低颅内压和眼压。

硫喷妥钠适用于全麻诱导，短小手术全麻、基础麻醉及抗惊厥治疗。禁用于呼吸道梗阻或难以保持通畅者，哮喘病，严重心功能不全，休克，严重贫血，严重肝肾功能不全等。

常用2.5%新配置的水溶液，分次小量静脉注射，中等动物一次量为0.5～1.0 g，用于控制惊厥的量要比麻醉用量小。

并发症以呼吸抑制和喉痉挛多见。静脉注射时应密切监测呼吸变化，呼吸抑制时应立即施行人工呼吸，待血内药浓度因重新分布而降低后，通气量可在15 min左右恢复正常。喉痉挛发生之前常有呼吸抑制、缺氧及舌后坠情况，使喉头敏感，再加喉头受到外物直接刺激或神经反射，均易诱发喉痉挛。麻醉前应给阿托品预防。处理应停止一切刺激，保证呼吸道通畅，面罩吸氧或药物纠正等。

(2)戊巴比妥钠。本品是临床上的常用药物，肝功能不全者慎用，易透过胎盘屏障影响胎儿，所以怀孕动物或剖腹产时禁用。本品在静脉注射时速度宜慢，同时监测心跳和呼吸，以决定是否继续给药。给犬用戊巴比妥钠麻醉后的苏醒阶段，不可静脉注射葡萄糖溶液，否则可能会重新进入麻醉状态(即葡萄糖反应)。本品属于中短效麻醉药，主要用于中小动物的麻醉或做基础麻醉用。

三、不同动物的全身麻醉

(一)牛的全身麻醉法

牛的全身麻醉常用846合剂麻醉法。846合剂也叫速眠新，是由高效镇痛药盐酸二氢埃托啡和强安定镇静、肌松药保定宁及氟哌啶醇经正交实验选取的最优组合制成的一种高效全麻药，具有用法简便、剂量小、毒副作用小，适用范围广、安全范围大，价格低廉等优点，可用于各种动物的手术麻醉、处治的保定及疼痛性和神经兴奋性疾病的辅助治疗。

按0.6 mL/100 kg肌肉注射846合剂，5～10 min即平稳进入麻醉状态，持续40～80 min；如剂量增至4 mL/100 kg，除麻醉时间延长外，无明显不良反应。

(二)犬的全身麻醉方法

犬的全身麻醉采用846合剂麻醉法，按0.04～0.3 mL/kg肌肉注射，给药3～10 min即平稳进入麻醉状态，可持续90 min。麻醉期内犬的声反射不消失，饱食犬有呕吐和排便现象。

四、注意事项

(1)麻醉前，应进行健康检查，了解整体状态，以便选择适宜的麻醉方法。全身麻醉要绝食，牛应绝食24～36 h，停止饮水12 h，以防麻醉后发生瘤胃臌气，甚至误咽和窒息。

(2)麻醉操作要正确，严格控制药量。麻醉过程中要随时观察，监测动物的呼吸、循环、反射功能及脉搏、体温变化，发现不良反应，要立即停药，以防中毒。

(3)麻醉过程中，药量过大，出现呼吸、循环系统机能紊乱，如呼吸浅表、间歇，脉搏细弱而节律不齐，瞳孔散大等症状时，要及时抢救。可注射苯甲酸钠咖啡因、樟脑磺酸钠、氧化樟脑等中枢兴奋剂；若呼吸停止，可打开口腔，以每分钟 20 次的频率拉舌或压迫胸壁进行人工呼吸，促使呼吸恢复。一般情况下静脉注射麻醉剂发生中毒很难解救，临床上务必谨慎。

(4)麻醉后，动物开始苏醒时，其头部常先抬起，护理员应注意保护，以防摔伤或致脑震荡。开始挣扎站立时，应及时扶持头颈并提尾抬起后躯，至自行保持站立时为止，以免发生骨折等损伤。寒冷季节，当麻醉伴有出汗或体温降低时，应注意保温，防止动物发生感冒。

项目4 组织分离技术

任务 1 皮肤切开

一、皮肤紧张切开（图 5-28）

由于皮肤活动性比较大，切开时易造成皮肤和皮下组织切口不一致，为了防止上述现象的发生，在皮肤作切口时应由术者用拇指和食指将皮肤向切口两侧撑紧，或术者与助手各用一手在预定切口线两侧撑紧皮肤，然后下刀切开，称为紧张切开法。下刀时，先用刀尖在切口上角作垂直刺透皮肤，然后刀刃倾斜约 45°，按预定方向、大小，一刀切透皮肤直至切口下角，然后刀刃与皮肤垂直提出（图 5-29），防止切口两端成斜坡，或多次切开而使切口成锯齿状，造成不必要的皮肤损伤，影响创口愈合。

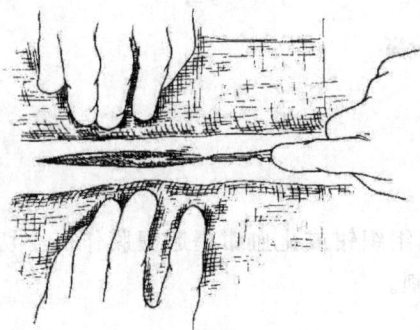

图 5-28　皮肤紧张切开　　　　　　　　　图 5-29　皮肤切开运刀方向

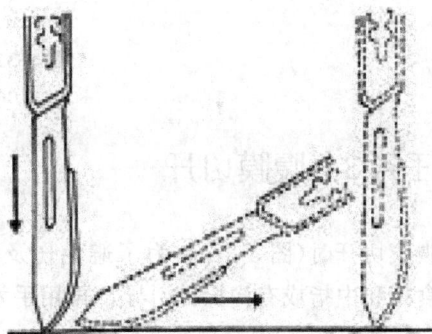

二、皮肤皱襞切开（图 5-30）

皱襞切开适用于皮肤活动性大，且在切口下面有大血管、大神经、分泌管和重要器官，而皮下组织尤其疏松的情况。为了使皮肤切口位置正确而不误伤其下面组织，术者和助手应在预定切口的两侧，用手指或镊子提拉皮肤呈与切口垂直的皱襞，进行垂直切开。

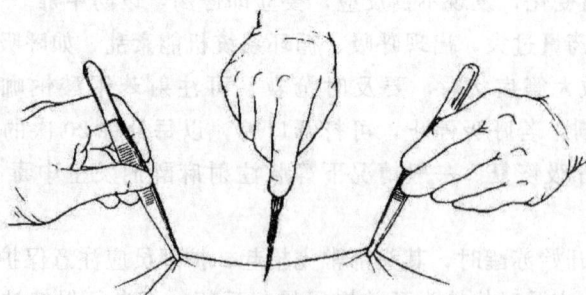

图 5-30　皮肤皱襞切开

任务 2　肌肉分离

一般沿肌纤维方向做钝性分离，先做一个沿纤维方向的小切口，然后用止血钳、刀柄等做钝性分离（图 5-31）至所需要的长度，但在紧急情况下或肌肉较厚并含有大量腱质时，切开分离。横过切口的血管可用止血钳钳夹或用细缝线从两端结扎后，从中间将血管切断。

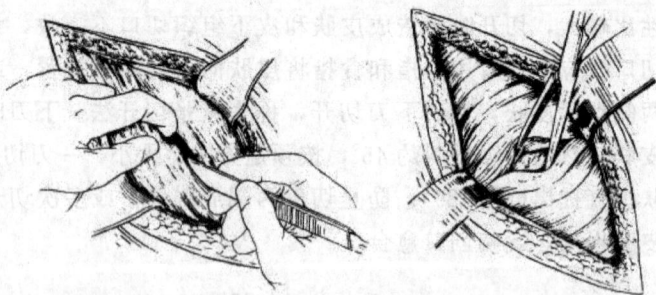

图 5-31　肌肉钝性分离

任务 3　腹膜切开

腹膜切开时（图 5-32），为了避免伤及内脏，可用组织钳或止血钳提起腹膜作一小切口，利用食指和中指或有沟探针引导，再用手术刀或剪分割。

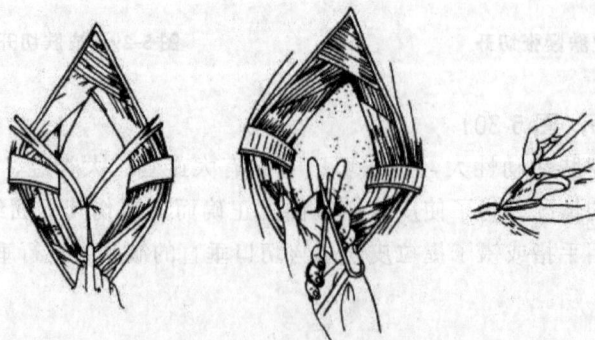

图 5-32　腹膜切开

任务4 其他组织切开及注意事项

一、其他组织的切开

(一)肠管切开

肠管的侧壁切开时,一般于肠管纵带上纵行切开,并应避免损伤对侧肠管。

(二)索状物切开

在结扎的情况下用刀或剪分离,也可用刮断、拧断和烧烙的方法,以减少出血。

(三)骨的分离

骨膜分离时先用手术刀切开,然后用骨膜分离器剥开。骨的分离一般用骨剪剪断或骨锯锯断。为防止骨的断端损伤软组织,应在分离骨组织后用骨锉锉平断端的锐缘,并清除骨片。

骨组织的分离应先分离骨膜然后分离骨组织。骨膜是骨组织愈合的营养组织,应尽可能完整地保留,否则就会影响骨的愈合。

(四)蹄和角的分离

蹄壁和蹄底角质可用蹄刀或蹄刮挖除,牛羊的角的分离可用骨锯或断角器。

二、注意事项

(1)切口部位要适当,靠近病变部位,以最短的距离达到手术区,以尽快显露病变组织或器官。

(2)切开组织必须整齐,力求一次切开,避免锯齿状切口,两侧创缘要能密切接触,有利于缝合和愈合,肌肉不要横断,尽可能按皮肤纹理和肌纤维方向分层切开,并沿组织间隙分离。

(3)组织切开时用分层切开法,不损伤大血管、神经以及腺体的输出管,以免影响术部机能。

(4)切口部位要选择在健康组织上,坏死组织及被感染的组织要充分切除干净。二次手术避免在伤疤上作切口,否则影响愈合。

(5)切口要确保创液及渗出物顺利排出。

(6)在分离骨组织前,先要分离骨膜,尽可能地保存其健康部位,以利于骨组织愈合。

项目5 止血技术

任务1 全身预防性止血

手术前给动物注射增高血液凝固性的药物,借以提高机体抗出血的能力,减少手术过程中的出血。常用注射增高血液凝固性以及血管收缩的药物有以下几种。

(1)肌肉注射维生素 K 注射液,以促进血液凝固,增加凝血酶原。牛用量 10～20 mg,猪、羊用量 2～10 mg。

(2)肌肉注射安络血注射液,以增强毛细血管的收缩力,降低毛细血管的渗透性。牛用量 30～60 mg,猪、羊用量 5～10 mg。

（3）肌肉注射止血敏注射液，以增强血小板机能及结合力，减少毛细血管的渗透性。牛用量 1.25～2.5 g，猪、羊用量 0.25～0.5 g。

任务2　局部性预防止血

一、肾上腺素止血

应用肾上腺素作局部预防性止血，常配合局部麻醉药进行，一般是在每 1 000 mL 普鲁卡因溶液中加入 0.1% 肾上腺素溶液 2 mL，利用肾上腺素收缩血管的作用，达到减少手术局部出血之目的，其作用可维持 20 min 至 2 h，但手术局部有炎症病灶时，因高度的酸性反应，可减弱肾上腺素的作用。此外，在肾上腺素作用消失后，小动脉管扩张，如若血管内血栓形成不牢固，可能发生二次出血。

二、止血带止血

适用于四肢、阴茎和尾部手术，可暂时阻断血流，减少手术中的失血，有利于手术操作。用橡胶管、绷带等紧缠于手术部位的近心端，以暂时阻止血液循环，达到止血的目的。

1. 棉布类止血带止血法

在伤口近心端，用绷带、带状布条或绳索等，勒紧止血。一般常作为外伤时现场紧急止血。

2. 橡皮止血带止血法

将橡皮止血带适当拉紧（以远端脉搏即将消失为度），拉长绕肢体 2～3 周。其保留时间不得超过 2～3 h，冬季不超过 40～60 min，在使用止血带的时间内如果手术不能完成，应将其松开 10～30 s，然后重新捆扎。松开止血带时应缓慢，宜采用多次"松—紧—松—紧"的方法，切忌一次松开。

3. 充气式气压止血袋止血法

先绑扎气压止血袋，为防止松动，可外加绷带绑紧一周固定；气压止血袋绑扎妥当后抬高肢体；用驱血带由远端向近端拉紧、加压缠绕；缠绕驱血带后向气压止血袋充气并保持所需压力；松开驱血带。

任务3　手术过程中止血

一、机械止血

（一）压迫止血

压迫止血是用纱布或泡沫塑料压迫出血部位，以清除术部血液，辨清出血组织和出血处，以便采取止血措施。在毛细血管渗血和小血管出血时，压迫片刻，出血即可自行停止。为了提高压迫止血的效果，可选用温的生理盐水、1%～2% 麻黄素、0.1% 肾上腺素、2% 氯化钙溶液浸湿的纱布挤干后压迫止血。在止血时，只能按压，不可用擦拭，否则会损伤组织或使血栓脱落。

（二）钳夹止血

利用止血钳最前端夹住血管的断端，钳夹方向应与血管垂直，钳住的组织要少，不可做大面积钳夹。

（三）结扎止血

结扎止血是常用而可靠的基本止血法，多用于较大血管出血的止血，其方法有三种。

1. 单纯结扎止血（图 5-33）

单纯结扎止血是用丝线绕过止血钳所夹住的血管及少量组织而结扎。在结扎时，由助手放开止血钳同时收紧结扣，过早放松，血管可能脱出，过晚放松则结扎钳头不能收紧。

2. 双重结扎止血（图 5-34）

创内已显露的横向血管从组织中分离出来，在分离的血管近端和远端各做一结扎，从两结扎线之间切断血管，并继续向深部分离组织。

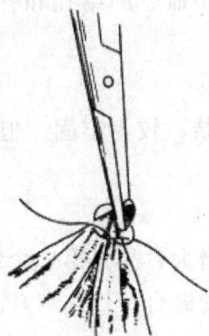

图 5-33　单独结扎止血　　　　图 5-34　双重结扎止血

3. 贯穿结扎止血（图 5-35）

贯穿结扎止血是持结扎线用缝针穿过所钳夹组织（勿穿透血管）层进行结扎。常用的方法有"8"字缝合结扎及单纯贯穿结扎两种。贯穿结扎止血的优点是结扎线不易脱落，适用于大血管或重要部分的止血，在不宜用止血钳夹住的出血点，不能用单纯结扎止血，而宜采用贯穿结扎止血的方法。

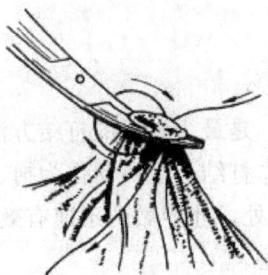

图 5-35　贯穿结扎止血

二、填塞止血

在深部大血管出血，一时找不到血管断端，钳夹或结扎止血困难时，可以用灭菌纱布塞紧于出血创腔或解剖腔内，压迫血管断端达到止血之目的。在填入纱布止血时，要将出血创腔填满，有足够的压力压迫血管断端。填塞止血留置的敷料通常是在18～48 h后取出。

三、烧烙止血

烧烙止血用于弥漫的出血，如羔羊断尾、去角、大动物火骟等。用电烙铁或普通烙铁通过高温使血管断端收缩止血。

项目6　缝合技术

任务1　打结

一、打结的种类(图5-36)

1. 方结

方结又称平结，是手术中最常用的一种，用于较小血管的结扎和各种缝合时的打结，不易滑脱。

2. 三叠结

三叠结又称加强结，是在方结的基础上再加一个结，较为牢固。但遗留于组织中的结扎线较多。三叠结常用于有张力部位的缝合。

3. 外科结

在打外科结时，打第一个结时绕两次，使摩擦面增大，故打第二个结时不易滑脱和松动。此结牢固可靠，多用于大血管、张力较大组织和皮肤的缝合。

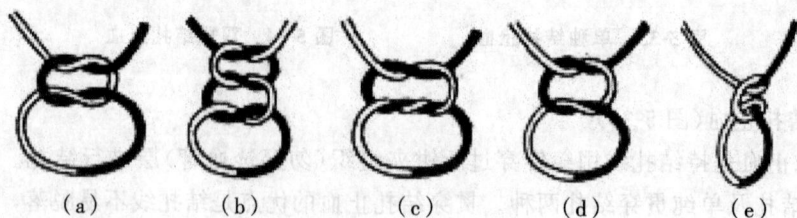

(a)　　　(b)　　　(c)　　　(d)　　　(e)

图5-36　打结的种类

(a)方结；(b)三叠结；(c)外科结；(d)假结；(e)滑结

二、打结的方法

(一)单手打结法(图5-37)

单手打结适合于各部位的结扎，是最为常用的打结方法。

打结时，一手持线，另一手动作打结，主要动作为拇、食、中三指。凡"持线""挑线""钩线"等动作必须运用手指末节近指端处，才能做到迅速有效。拉线作结时要注意线的方向。如用右手打结时，右手所持的线要短些。

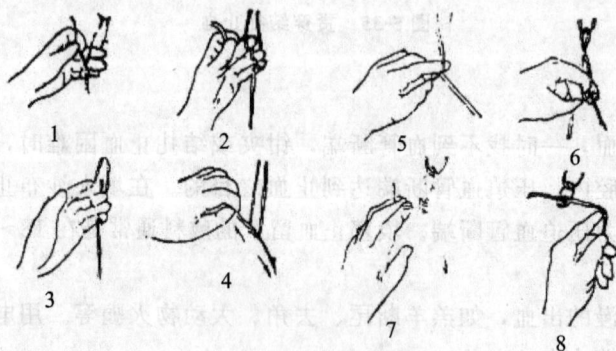

图5-37　单手打结法

(二)双手打结法(图 5-38)

双手打结除用于一般结扎外,对深部或组织张力较大的缝合结扎较为可靠、方便。此法适用于深部组织的结扎和缝合。双手打结的方法较单手打结法复杂。

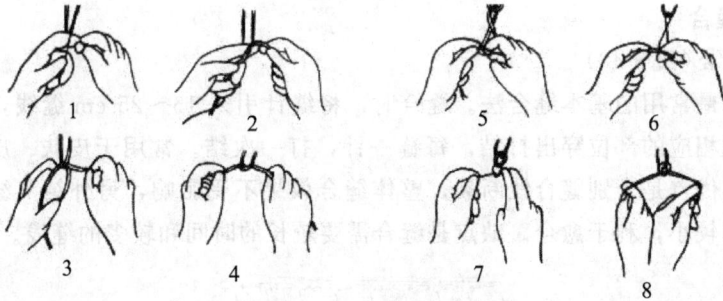

图 5-38　双手打结法

(三)器械打结法(图 5-39)

器械打结用于深部创口或线头较短而无法徒手打结时进行。用持针钳或止血钳打结。

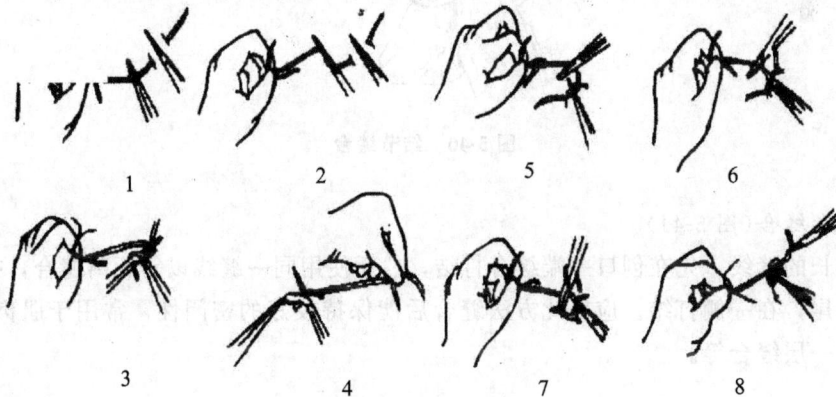

图 5-39　器械打结法

三、注意事项

(1)打结收紧时要求三点成一线,即左、右手的用力点与结扎点成一直线,不可成角向上提起,否则结扎点容易撕脱或松动。

(2)无论用何种方法打结,两手用力均匀,打成真结,即第一结和第二结的两手方向不能相同,两手需要交叉,否则会打成假结。

(3)打第二结时,不要让第一结松开,尤其在器械打结时,此时可由助手用止血钳轻轻夹住第一结,待第二结收紧时迅速抽出止血钳。

(4)打结时两手的距离不宜离结太远,特别是深部打结时,最好用两手食指伸到结旁,以指尖顶住双线,两手握住线端,徐徐拉紧,否则易松脱。埋在组织内的结扎线头,以不松脱为原则,尽量剪短以减少组织内的异物;丝线一般留 3～5 mm,较大血管的结扎应略长,以防滑脱;肠线留 4～6 mm。

打结是外科手术的基本操作之一,正确而牢固地打结是结扎止血和缝合的重要环节。熟练地打结,可以防止结扎线的松脱而造成的创伤裂开和继发性出血,从而缩短手术时间。

任务 2　软组织缝合技术

一、对接缝合

（一）结节缝合（图 5-40）

结节缝合为最常用的基本缝合法。缝合时，将缝针引入 15～25 cm 缝线，于创缘一侧垂直刺入，于对侧相应的部位穿出打结，每缝一针，打一次结。常用于皮肤、皮下组织、筋膜等组织缝合。其优点是个别缝合线断裂，整体缝合效果不受影响，另外结节缝合对切口创缘的血液循环影响较小，利于愈合。缺点是缝合需要较长的时间和较多的缝线。

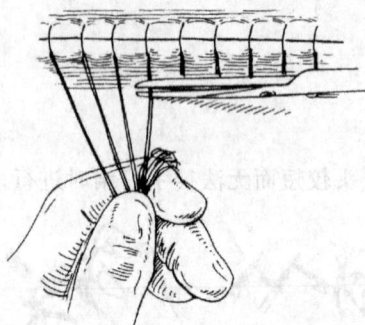

图 5-40　结节缝合

（二）螺旋缝合（图 5-41）

用一条长的缝线，先在创口一端缝合打结，然后使用同一缝线以等距离缝合，拉紧缝线，最后留下线尾，在一侧打结。应用此方法缝合后能保持较好的密闭性，常用于肌肉、腹膜以及胃肠道第一层缝合等。

图 5-41　螺旋缝合

（三）表皮下缝合（图 5-42）

这种缝合适用于小动物表皮下缝合。缝合在切口一端开始，缝针刺入真皮下，再翻转缝针刺入另一侧真皮，在组织深处打结。应用连续水平褥式缝合平行切口。最后缝针回转刺向对侧真皮下打结，埋置在深部组织内。一般选择可吸收性缝合线。

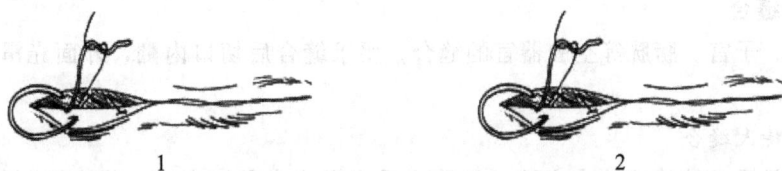

图 5-42 表皮下缝合

（四）减张缝合

此缝合的目的是减少创缘的紧张性，防止缝合线撕裂创缘，所以此方法常用于张力较大的皮肤缝合。在结节缝合的基础上，每隔 2～3 针缝一针减张缝合，即进、出针点距离创缘 2～4 cm。一般先做减张缝合，使创缘、创壁接近，再在减张缝合间增加数针结节缝合。如果创口的张力很大，也可在线的两端缚上适当粗细的纱布卷或橡皮管作为圆枕。

（五）压挤缝合（图 5-43）

压挤缝合用于肠管吻合的单层间断缝合法。犬猫肠吻合常采用此缝合法，也用于大动物的肠吻合。

缝针刺入浆膜、肌层、黏膜下层和黏膜层进入肠腔。在越过切口前，从肠腔再刺入黏膜到黏膜下层。越过切口，转向对侧，从黏膜下层刺入黏膜层进入肠腔。在同侧从黏膜层、黏膜下层、肌层到浆膜刺出肠表面。两端缝线拉紧、打结。这种缝合是浆膜、肌层相对接；黏膜、黏膜下层内翻。这种缝合是肠组织本身组织的相互挤压，可以很好地防止液体泄漏，使肠管吻合密切对接，保持正常的肠腔容积。

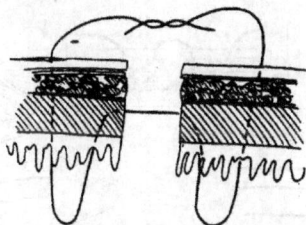

图 5-43 压挤缝合

（六）锁边缝合（图 5-44）

此法又叫毯边缝合，这种缝合方法与螺旋缝合基本相似。在缝合时每次将缝线交锁。此种缝合能使创缘闭合良好，并使每一针缝线在进行下一次缝合前就得以固定。多用于皮肤直线形切口及薄而活动性较大的部位缝合。

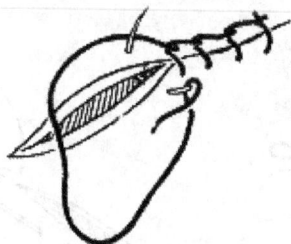

图 5-44 锁边缝合

二、内翻缝合

用于胃肠、子宫、膀胱等空腔器官的缝合，要求缝合后切口内翻，外面光滑。常见的方法有以下几种。

（一）伦勃特氏缝合

此法是胃肠手术的传统缝合方法，又称为垂直褥式内翻缝合法，分为间断与连续两种，常用的为间断伦勃特氏缝合。在胃肠缝合时，用以缝合浆膜肌层。

1. 连续伦勃特氏缝合（图 5-45）

于切口一端开始先做一浆膜肌层间断内翻缝合，再用同一缝线做浆膜肌层连续缝合至切口另一端。其用途与间断内翻缝合相同。

图 5-45　连续伦勃特氏缝合

2. 间断伦勃特氏缝合（图 5-46）

缝线分别穿过切口两侧浆膜及肌层即行打结，使部分浆膜内翻对合，用于胃肠道的外层缝合。

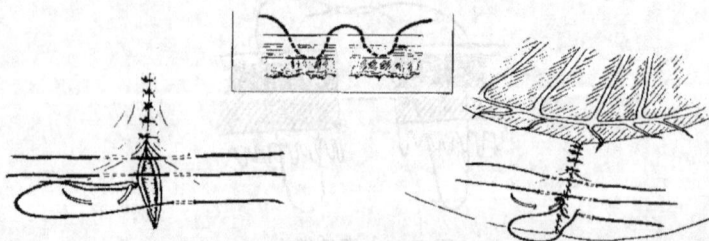

图 5-46　间断伦勃特氏缝合

（二）库兴氏缝合（图 5-47）

此法又称连续水平褥式内翻缝合法。这种缝合法是从伦勃特氏连续缝合演变来的，缝合方法是于切口一端开始先做一浆膜肌层间断内翻缝合，再用同一缝线平行于切口做浆膜肌层连续缝合至切口另一端。适用于胃、子宫浆膜肌层缝合。

图 5-47　库兴氏缝合

（三）康奈尔氏缝合（图 5-48）

这种缝合法与连续水平褥式内翻缝合法相同，仅在缝合时缝针要贯穿全层组织，当将缝线拉紧时，则肠管切面即翻向肠腔。康奈尔氏缝合多用于胃、肠、子宫壁缝合。

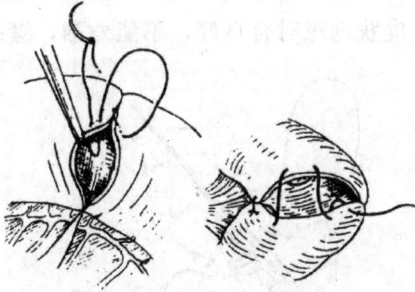

图 5-48　康奈尔氏缝合

（四）荷包缝合（图 5-49）

此法即做环状的浆膜肌层连续缝合，主要用于胃肠壁上小范围的内翻缝合，如缝合小的胃肠穿孔。此外，还用于胃肠、膀胱等引流管的固定以及直肠脱肛时的暂时性闭合固定。

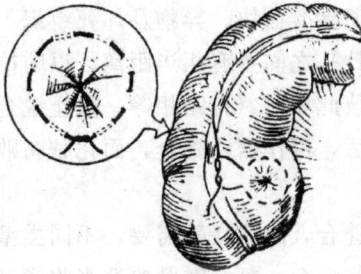

图 5-49　荷包缝合

三、张力缝合

（一）间断水平褥式缝合（图 5-50）

这种缝合特别适用于牛和犬的皮肤缝合。针刺入皮肤，距创缘 2~3 mm，创缘相互对合，越过切口到对侧相应部位刺出皮肤，然后缝线与切口平行向前约 8 mm 再刺入皮肤，越过切口到相应对侧刺出皮肤，与另一端缝线打结。该缝合要求缝针刺入皮肤时要刺在真皮下，不能刺入皮下组织，这样皮肤创缘对合才能良好，不出现外翻。

图 5-50　间断水平褥式缝合

(二)间断垂直褥式缝合(图 5-51)

这种缝合将针刺入皮肤,距离侧缘约 8 mm,创缘相互对合,越过切口到相应对侧刺出皮肤;然后缝针翻转在同侧距切口约 4 mm 刺入皮肤,越过切口到相应对侧距切口约 4 mm 刺出皮肤,与另一端缝线打结。该缝合要求缝针刺入皮肤时只能刺入真皮下,接近切口的两侧刺入点要求接近切口,这样皮肤创缘对合良好,不能外翻,缝线间距为 5 mm。

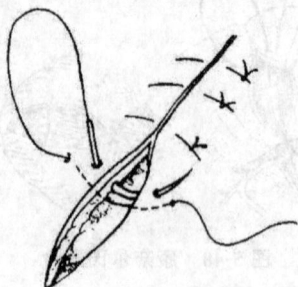

图 5-51　间断垂直褥式缝合

四、注意事项

(1)缝合时严格遵守无菌操作规程。

(2)缝合前必须创口止血、清除凝血块、异物及坏死组织。

(3)创缘要均匀接近,在两针孔之间要有相当距离,以防拉穿组织。

(4)缝针刺入和穿出部位应彼此相对,针距相等,防止缝合创口形成皱襞和裂隙。

(5)无菌创经外科常规处理后,可作密闭缝合,而化脓腐败创以及具有深包囊的创伤可不缝合,必要时仅作部分缝合。

(6)缝合组织是同层组织相缝合,除非特殊需要,不同类型的组织不可缝合在一起。

(7)缝合后打结应有利于创伤愈合,打结时既要适当收紧又要防止拉穿组织。

(8)创缘、创壁应互相均匀对合,皮肤创缘防止内翻,创伤深部不应留有死腔,以防止积血和积液。

(9)缝合的创口,在手术后出现感染时,应迅速拆除部分缝线,以便排出创液。

任务3　剪线与拆线技术

一、剪线

(一)应用

剪线是将缝合或结扎后残留的缝线剪除,一般由助手操作完成。

(二)方法

剪线时,术者将双线尾略提起,用稍张开的剪刀尖沿拉紧的缝线滑至结扣处,再将剪刀稍倾斜,然后剪断,倾斜的角度取决于要留线头的长短。剪线方法如图 5-52 所示。

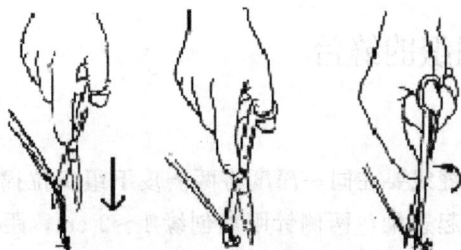

图 5-52 剪线方法

二、拆线

(一)应用

拆线是指拆除皮肤创口的缝线。

(二)方法

拆除皮肤缝线的时间,一般是在手术后 7～8 d。凡营养不良、贫血、老龄家畜,缝合部位活动性较大、创缘呈紧张状态等,应适当延长拆线时间至 10～14 d。拆线方法如下。

(1)用碘酊消毒创口、缝线及创口周围皮肤后,将线结用镊子轻轻提起,剪刀插入线结下,紧贴针眼将线剪断。

(2)拉出缝线,拉线方向应向拆线的一侧,动作要轻巧,如强行向对侧硬拉,则可能将伤口拉开。

(3)再次用碘酊消毒创口及周围皮肤。当切口张力大时,可隔一针拆一针,分 2～3 次拆完。

拆线方法如图 5-53 所示。

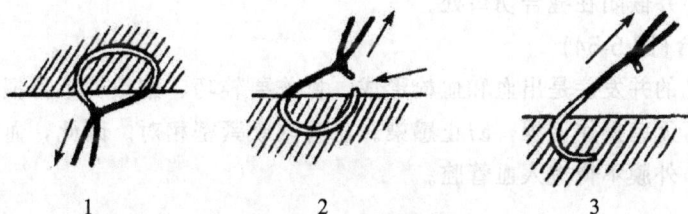

1   2   3

图 5-53 拆线方法

三、注意事项

(1)为了防止结扣松开,须在结扣外留一段线头,丝线留 1～2 mm,肠线及尼龙线留 3～4 mm,细线可留短些,粗线留长些,深部留短些,浅部留长些,结扣次数多的可留短,次数少的可留长些,重要部位应留长。剪线应在明视下进行,可单手或双手完成剪线动作。

(2)拆除缝线的时间可根据创口愈合的情况而定。一般愈合良好的创口是在手术后 7～8 d 进行;如果动物营养不良、贫血或缝合部位活动性较大,创口呈紧张状态等,可适当延长拆线时间,但创伤已经化脓或创缘已被缝线撕断,不起缝合作用时,可根据创伤治疗需要随时拆除全部缝线。

任务4　各种软组织的缝合

一、皮肤缝合

缝合前创缘必须对好，缝线要在同一深度将两侧皮下组织拉拢，以免皮下组织内遗留空隙。滞留血液或渗出液易引起感染，两侧针眼离创缘 1～2 cm，距离相等。皮肤缝合采用间断缝合，缝合应在创缘侧面打结，打结不能过紧。皮肤缝合完毕后，必须再次将创缘对好。

二、皮下组织缝合

缝合时要使创缘两侧皮下组织相互接触，一定要消除组织空隙。使用可吸收性缝线，打结应埋置在组织内。

三、筋膜缝合

筋膜缝合应根据其张力强度，筋膜的切口应该与张力线平行，而不能垂直于张力线。在筋膜缝合时，要垂直于张力线，使用间断缝合。大量筋膜切除或缺损时，缝合时使用垂直褥式或远近—近远等张力缝合法。

四、肌肉缝合

肌肉缝合时将纵行纤维紧密连接，瘢痕组织生成后，不能影响肌肉收缩功能。可采用结节缝合方式分别缝合各层肌肉。当小动物手术时，肌肉一般是纵行分离而不切断。因此，肌肉组织经手术细微整理后，可不缝合。对于横断肌肉，因其张力大，应该在麻醉或肌肉松弛的情况下连同筋膜一起缝合，进行结节缝合或水平褥式缝合。

五、腹膜缝合

腹膜薄且不易耐受缝合，应连同部分肌肉组织缝合腹膜。腹膜缝合必须完全闭合，不能使网膜或肠管漏出并嵌闭在缝合切口处。

六、血管缝合（图 5-54）

血管缝合常见的并发症是出血和血栓形成。操作要轻巧、细致，不得损伤血管壁。血管端吻合要严格执行无菌操作流程，防止感染。血管内膜紧密相对。因此，血管的边缘必须外翻，让内膜接触，外膜不得进入血管腔。

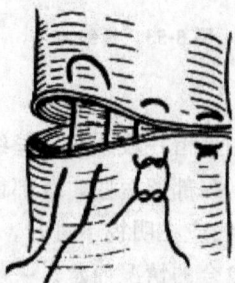

图 5-54　血管缝合

七、神经缝合

缝合神经时操作要轻柔，需要有精细的缝合器械，神经横断面要准确对合，避免神经鞘内和神经周围出血。缝合时不能损伤神经组织。

八、腱的缝合(图 5-55)

腱的断端应紧密连接,如果末端间有裂缝被结缔组织填补,将影响其目的功能,操作要轻柔,不能使腱的末端挫伤而引起坏死,缝合部位周围粘连,会妨碍腱愈合后的运动。因此,腱的缝合要求腱鞘要保留或重建;腱、腱鞘和皮肤缝合部位,不要相互重叠,以减少腱周围的粘连。手术必须在无菌操作规程下进行。

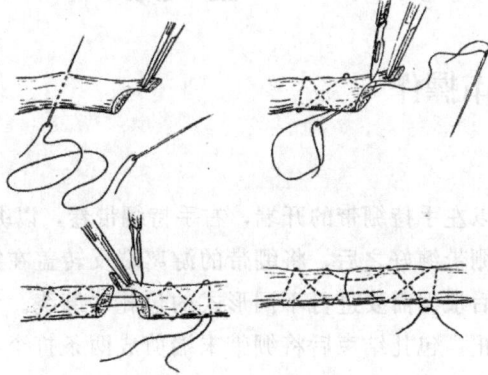

图 5-55　腱的缝合

九、空腔器官缝合

空腔器官缝合是指胃、肠、子宫、膀胱等器官的缝合。根据空腔器官的生理解剖学和组织学特点,对于不同动物和不同器官,缝合要求是不同的。

(一)犬、猫胃缝合

胃内具有高浓度的酸性内容物和消化酶。缝合时要求良好的密闭性,防止污染,缝线要保持一定的张力强度。因为术后动物呕吐或胃扩张会对切口产生较强压力;术后胃腔容积减少,对动物影响不大。因此,胃缝合第一层连续全层缝合或连续水平褥式内翻缝合。第二层缝合在第一层缝合上面,采用浆肌层间断或连续垂直褥式内翻缝合。

(二)小肠缝合

小肠血液供应好,肌肉层发达,其解剖特点是低压力导管,而不是蓄水囊。内容物是液态的,细菌含量少。肠缝合后 3~4 h,纤维蛋白盖密封在缝线上,产生良好的密闭条件,术后肠内容物泄漏发生机会较少。由于小肠肠腔较小,缝合时防止肠腔狭窄是重要的。犬、猫的小肠缝合使用单层对接缝合。常用压挤缝合法能达到良好对接,不易发生泄漏、狭窄和感染。缝合切口愈合快,有少量纤维结缔组织沉积,反应轻微,愈合后瘢痕较小,肠腔直径变化很小。

(三)大肠缝合

大肠内容物是固态的,细菌含量多。大肠缝合并发症是内容物泄漏和感染。内翻缝合是唯一安全的方法。内翻缝合时浆膜与浆膜对合,防止肠内容物泄漏,并能保持足够的缝合张力强度,内翻缝合采用第一层连续全层或连续水平内翻缝合,第二层采用间断垂直褥式浆肌层内翻缝合。

(四)子宫缝合

剖腹取胎术实行子宫缝合有其特殊的意义。因为子宫缝合不良会导致母畜不孕,术后出血和腹腔内粘连。

母牛子宫缝合时应用双层内翻缝合，首先在子宫浆膜面做斜行刺口，使第一个结埋置在内翻的组织内，然后连续库兴氏缝合，最后一个结也要求埋置在组织内，不使其暴露在子宫浆膜表面。

项目7　包扎技术

任务1　包扎基本操作

一、基本包扎

做基本包扎时，一般以左手持绷带的开端，右手持绷带卷，以绷带的背面紧贴肢体表面，由左向右缠绕。当第一圈绷带缠好之后，将绷带的游离端反转盖在第一圈绷带上，再缠第二圈，压住第一圈绷带。然后根据需要进行不同形式的包扎法缠绕。无论采用何种包扎法，均应以环形开始并以环形终止。包扎结束后将绷带末端剪成两条打个半结，以防撕裂。最后打结于肢体外侧，或以胶布将末端加以固定。

卷轴绷带的基本包扎方法分为5种，如图5-56所示。

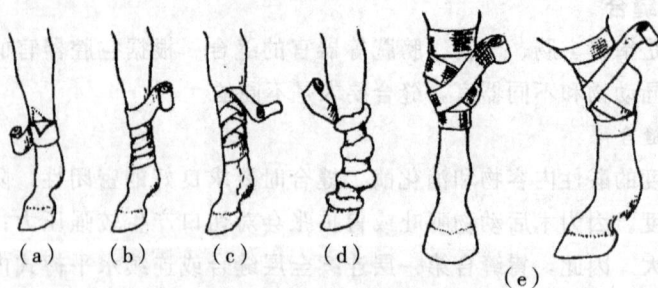

图5-56　卷轴绷带的基本包扎方法
(a)环形包扎；(b)螺旋形包扎；(c)折转包扎；
(d)蛇行包扎；(e)交叉包扎

二、环形包扎

环形包扎用于其他形式包扎的起始和结尾，以及用于系部、掌部、跖部等较小创口的包扎。方法是在患部把卷轴带呈环形缠绕数圈，每圈盖住前一圈，最后将绷带末端剪开打结或以胶布加以固定。

三、螺旋形包扎

螺旋形包扎以螺旋形自下向上缠绕，每后一圈遮盖前一圈的1/3～1/2，用于掌部、跖部及尾部等的包扎。

四、折转包扎

折转包扎又称螺旋回反包扎，用于上粗下细径圈不一致的部位，如前臂和小腿部。方法是由上向下作螺旋形包扎，每一圈均应向下回折，逐圈遮盖上圈的1/3～1/2。

五、蛇形包扎

蛇形包扎又称蔓延包扎，斜行向上延伸，各圈互不遮盖，用于固定夹板绷带的衬垫材料。

六、交叉包扎

交叉包扎又称"8"字形包扎,用于腕、跗、球关节等部位,方便关节屈曲。包扎方法是在关节下方作一环形带,然后在关节前面斜向关节上方,做一圈环形带后再斜行经过关节前面至关节下方,如上操作至患部完全被包扎住,最后以环形带结束。

任务2 包扎材料及应用

一、包扎材料及其应用

(一)敷料

常用敷料有纱布、海绵纱布及棉花。

1. 纱布

纱布要求质软、吸水性强,多选用医用的脱脂纱布。根据需要纱布要剪、叠成不同大小的纱布块。纱布块四边要光滑、没有脱落棉纱,并用双层纱布包好,经高压蒸汽灭菌后备用。用以覆盖创口、止血、填充创腔和吸液。

2. 海绵纱布

海绵纱布是一种多孔皱褶纺织品,一般是棉制的。质地柔软,吸水性比纱布好,其用法同纱布。

3. 棉花

包扎使用的棉花选用脱脂棉花。棉花不能直接与创面接触,应先放纱布块,棉花则放在纱布上。为此,常可预制成棉垫,即在两层纱布间铺一层脱脂棉,再将纱布四周毛边向棉花折转,使其成方形或长方形棉垫,大小则按需要制作。棉花也是四肢骨折外固定的重要敷料。使用前应经过高压灭菌。

(二)绷带

绷带多由纱布、棉布等制作成圆筒状,故又称卷轴绷带,用途最广。另根据绷带的临床用途及其制作材料的不同,还有复绷带、石膏绷带等其他绷带。

二、卷轴绷带

(一)纱布绷带

纱布绷带是临床上常用的绷带,有多种规格。长度一般为 6 m,宽度为 3 cm、5 cm、7 cm、10 cm 和 15 cm 不等。根据临床需要选用不同规格。纱布绷带质地柔软,压力均匀,价格便宜,但在使用时容易起皱、滑脱。

(二)棉布绷带

用本色棉布按上述规格制作成棉布绷带。因其质地厚实,故坚固耐洗,施加压力后不变形或断裂,常用以固定夹板和肢体。

(三)弹力绷带

弹力绷带是一种弹性网状织品,质地柔软,包扎后有伸缩力,常用于烧伤、关节损伤等的包扎。此种绷带不与皮肤、被毛粘连,故拆除时动物无不适感。

(四)胶带

目前多数胶带是多孔的,能让空气进入其下层纱布、创面,免除创口因潮湿不透气而影响蒸发。我国目前多用布制胶带,故也称胶布或橡皮膏。胶带使用时难以撕开,需用剪刀剪断。胶带是包扎时不可缺少的材料。通常局部剪剃被毛，盖上敷料后，多用胶布条粘贴在敷料及皮肤上将其固定；也可在使用纱布或棉布绷带后，再用胶带缠绕固定。

任务3　各部位包扎

一、蹄包扎（图 5-57）

蹄包扎方法是将绷带的起始部留出约 20 cm 作为缠绕的支点，在系部做环形包扎数圈后，绷带由一侧斜经蹄前壁向下，折过蹄尖经过蹄底至踵壁时与游离部分扭缠，以反方向由另一侧斜经蹄前壁做经过蹄底的缠绕。同样操作至整个蹄底被包扎，最后与游离部打结固定于系部。为防止绷带被玷污，可在其外部加上帆布套。

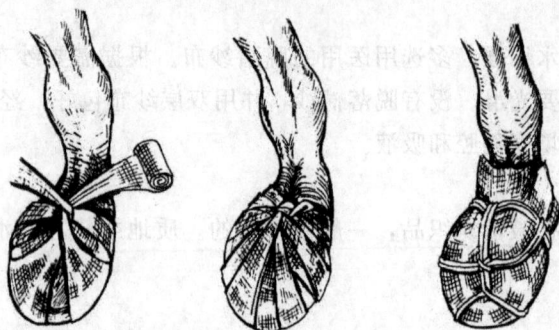

图 5-57　蹄包扎

二、蹄冠包扎（图 5-58）

包扎蹄冠时，将绷带两个游离端分别卷起，并以两头之间背部覆盖于患部，包扎蹄冠，使两头在患部对侧相遇，彼此扭缠，以反方向继续包扎。每次相遇均相互扭缠，直至蹄冠完全被包扎为止，最后打结于蹄冠创伤的对侧。

图 5-58　蹄冠包扎

三、角包扎（图 5-59）

角包扎用于角壳脱落和角折。包扎时先用一块纱布盖在断角上，用环形包扎固定纱布，再用另一角作为支点，以"8"字形缠绕，最后在健康角根处环形包扎打结。

图 5-59　角包扎

四、尾包扎 (图 5-60)

尾包扎用于尾部创伤或后躯,以及肛门、会阴部施术前、后固定尾部。先在尾根做环形包扎,然后将部分尾毛折转向上做尾的环形包扎,将折转的尾毛放下,做环形包扎,目的是防止包扎滑脱。如此反复多次,用绷带做螺旋形缠绕至尾尖时,将尾毛全部折转做数圈环形包扎后,绷带末端最后通过尾毛折转所形成的圈内。

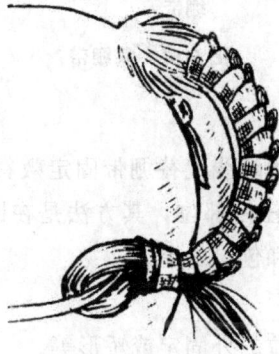

图 5-60　尾包扎

五、耳包扎

耳包扎用于治疗耳外伤。

(一)垂耳包扎法

先在患耳背侧安置棉垫,将患耳及棉垫反折使其贴在头顶部,并在患耳耳廓内侧填塞纱布。然后绷带从耳内侧基部向上延伸到健耳后方,并向下绕过颈上方到患耳,再绕到健耳前方。如此缠绕 3~4 圈,将耳包扎结实。

(二)竖耳包扎法

多用于耳成形术。先用纱布或材料做成圆柱形支撑物填塞于两耳廓内,再分别用短胶布条从耳根背侧向内缠绕,每条胶布断端相交于耳内侧支撑上,依次向上贴紧。最后用胶带"8"字形包扎,将两耳拉紧并竖直。

六、复绷带

复绷带是按畜体一定部位的形状而缝制,具有一定结构、大小的双层盖布,在盖布上缝合若干布条以便打结固定。复绷带虽然形式多样,但都要求装置简便、固定确实。常用的复绷带如图 5-61 所示。

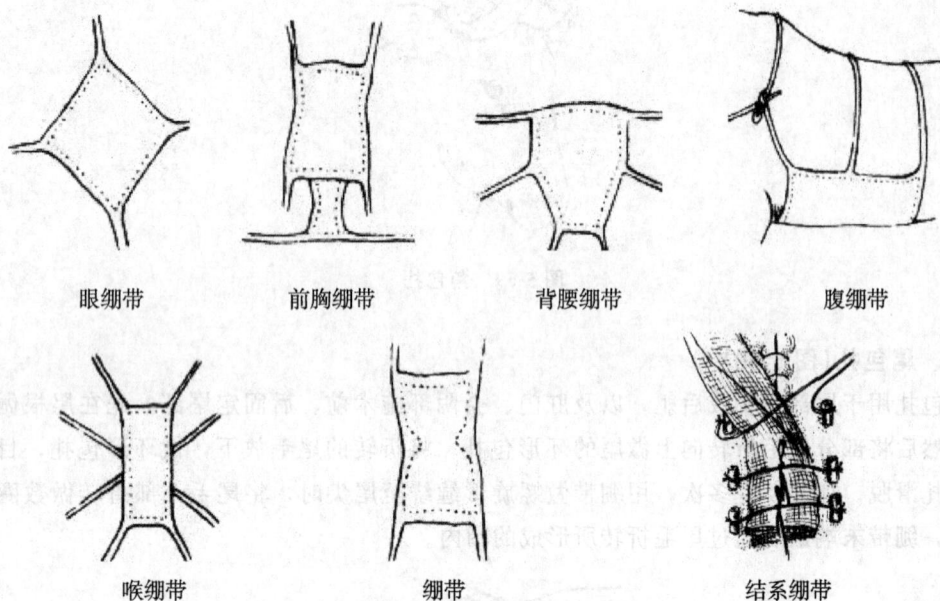

| 眼绷带 | 前胸绷带 | 背腰绷带 | 腹绷带 |

| 喉绷带 | 绷带 | 结系绷带 |

图 5-61　复绷带

七、结系绷带

结系绷带称缝合包扎绷带，是用缝线代替绷带固定敷料的一种保护手术创口或减轻伤口张力的绷带。结系绷带可装在身体任何部位，其方法是在圆枕缝合的基础上利用游离线尾，将若干层灭菌纱布固定在圆枕之间和创口之上。

八、石膏绷带

石膏绷带主要应用于骨折、脱位的外固定或矫形等。

（一）石膏绷带的包扎（图 5-62）

应用石膏绷带治疗骨折时，可分为无衬垫和有衬垫两种。根据操作时的速度逐个地将石膏绷带卷轻轻横放到盛有 30℃～35℃温水的桶中，使整个绷带卷被淹没。待气泡出完后，两手握住石膏绷带圈的两端取出，用两手掌轻轻对挤，除去多余水分。从病肢下端先作环形包扎，后作螺旋包扎向上缠绕，直至预定部位。每缠一圈绷带，都须均匀涂抹石膏泥，使绷带紧密结合。骨的突起部，应放置棉花垫加以保护。石膏绷带上下端不能超过衬垫物，并且松紧适宜。根据伤肢重力和肌肉牵引力的不同，可缠绕 6～8 层（大动物）或 2～4 层（小动物）。在包扎最后一层时，必须将上下衬垫外翻转，包住石膏绷带边缘，最后表面涂石膏泥，待数分钟后即可成型。犬、猫石膏绷带应从第二、四指（趾）近端开始。

在兽医临床上有时为了加强石膏绷带的硬度和固定作用，可在卷轴石膏绷带缠绕后的第 3～4 层（大动物）或第 1～2 层（小动物）暂停缠绕，修整平滑并置入夹板材料，使之成为石膏夹板绷带。

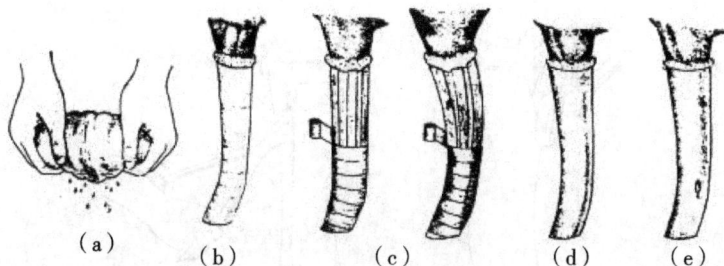

图 5-62　石膏绷带的包扎

(a)捏去石膏绷带圈中的多余水分；(b)包扎好的石膏绷带；

(c)石膏夹板绷带；(d)(e)窗形石膏绷带

(二)石膏绷带的拆除

石膏绷带拆除的时间，应根据不同的病畜和病理过程而定。一般大动物为 6～8 周，小动物为 3～4 周，如遇下列情况，则应提前拆除或拆开另行处理：

(1)石膏夹内有大出血或严重感染。

(2)病畜出现原因不明的高热。

(3)包扎过紧，肢体受压，影响血液循环。此时病畜表现不安，食欲减少，末梢部肿胀，蹄(指)温变冷。如出现上述症状，应立即拆除重新包扎。

(4)肢体萎缩，石膏夹过大或严重损坏失去作用。

拆除石膏绷带的方法：由于石膏绷带干燥后十分坚硬，拆除时多用专门工具，包括刀、剪、锯、石膏分开器(图 5-63)。先用热醋、双氧水或饱和食盐水在石膏夹表面划好拆除线，使之软化，然后沿拆除线用石膏刀切开或用石膏剪逐层剪开，具体操作如图 5-64 所示。

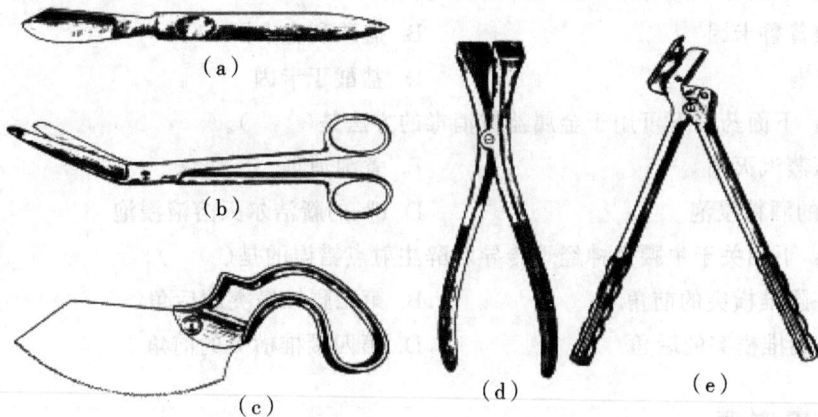

图 5-63　石膏绷带拆除工具

(a)石膏刀；(b)石膏剪；(c)石膏手锯；(d)石膏分开器；(e)长柄石膏剪刀

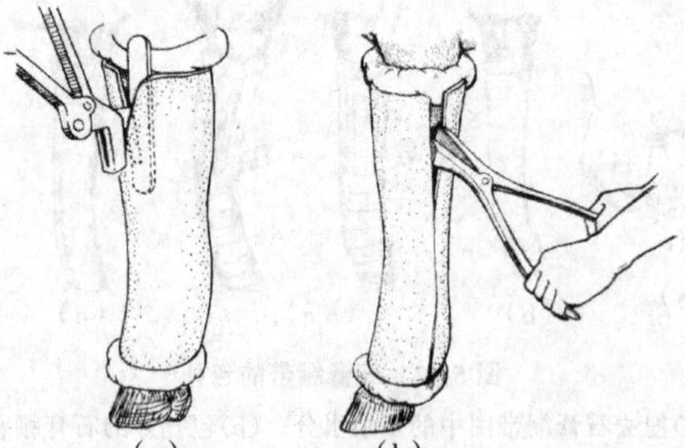

图 5-64　石膏绷带拆除方法

(a)用长柄石膏剪从石膏绷带近端外侧缘纵行剪开；

(b)用石膏分开器分开石膏绷带，使裂缝扩大后即可拆除

●●●● **项目测验**

问题一：下面哪一种结是外科缝合时错误的打结方法（　　　）。

A. 方结 　　　　　　　　　　　　B. 外科结

C. 滑结 　　　　　　　　　　　　D. 三叠结

问题二：下面哪一种缝合不是内翻缝合（　　　）。

A. 伦勃特氏缝合 　　　　　　　　B. 库兴氏缝合

C. 康奈尔氏缝合 　　　　　　　　D. 褥式缝合

问题三：下面哪一种药物不是局部麻醉药（　　　）。

A. 盐酸普鲁卡因 　　　　　　　　B. 盐酸利多卡因

C. 氯胺酮 　　　　　　　　　　　D. 盐酸丁卡因

问题四：下面药液不可用于金属器械消毒的方法是（　　　）。

A. 高压蒸汽灭菌 　　　　　　　　B. 煮沸消毒

C. 75%的酒精浸泡 　　　　　　　D. 1%的新洁尔灭溶液浸泡

问题五：下面关于牛腰旁神经干传导麻醉注射点错误的是（　　　）。

A. 第一腰椎横突的前角 　　　　　B. 第二腰椎横突的后角

C. 第三腰椎横突的后角 　　　　　D. 第四腰椎横突的前角

●●●● **思考题**

1. 手术前有哪些准备？

2. 手术缝合的类型有哪些？

3. 手术时如何对动物麻醉？

●●●●● 考核评分

　　班级_____　　学号_____　　学生姓名_____　　得分_____

评价项目		评价标准（考核指标解释及分值）	满分	得分
课堂评价	自我评价	能够预习所学知识，学习任务相关知识，完成习题、报告	20	
	小组评价	积极参加小组活动，团队合作意识强，组织协调能力强，能运用所学方法分析、解决问题	20	
教师评价		主动查阅资料、学习相关知识，独立完成学习任务、课堂纪律好，有较强的安全意识、节约意识、爱护动物的意识	20	
考核评价	任务完成情况评价	能根据实际情况进行兽医临床常用手术器械识别、使用、保养	10	
		手术室的日常准备、辅助、参与一些常见手术工作	10	
		会进行常见的外科手术处理，如麻醉、消毒、止血、缝合、拆线、包扎等	10	
	相关习题完成评价	能查阅相关资料完成习题，正确率高	10	
总分			100	

模块 6　其他治疗技术

【知识目标】

掌握常用冲洗技术。掌握常用灌肠技术。掌握常用的针灸技术。

【能力目标】

能给动物进行点眼、冲洗、洗胃、灌肠等技术操作。能对动物进行物理疗法、光疗法的操作。能对动物进行常用穴位针灸、按摩疗法的技术操作。

【思政目标】

培养理论联系实践，团结协作，勇于探索的工作态度。

学习任务 6

其他治疗技术

●●●● **任务单**

任务名称	学习任务 6　其他治疗技术
学习任务 情景描述	1. 小赵在奶牛场兽医助理岗位工作，今天有一头牛蹄冠上部出现肿胀，触诊局部温度升高，需要进行冷敷处理。请完成相关内容。 　　2. 小杨是动物医院诊疗室兽医助理，今天主治兽医师需要对一只患犬瘟热后遗症的病犬进行针灸和按摩治疗，请查找资料需要进行哪些穴位的针灸，并准备针具。请完成相关内容。 　　3. 小周是动物医院手术室兽医助理，今天有一只犬，眼睛流泪，需要进行眼睛冲洗治疗。请按要求完成相关工作。
课前准备 查找资料	1. 学习其他治疗技术、利用学习资源查阅以下相关知识，并进行研读。 　　(1)掌握动物点眼、冲洗、洗胃、灌肠等技术操作要点。 　　(2)掌握动物物理疗法、光疗法的操作及注意事项。 　　(3)掌握常用针灸、按摩疗法的技术要点及常用穴位。 　　2. 认真研读本任务的任务描述、任务实施内容和任务要求，初步制订任务实施计划。
学习资源	1. 请扫描二维码登录超星学习通平台，加入在线课程学习。 　　2. 参考教材。 　　(1)《兽医临床诊断学》(第三版)，中国农业出版社，王俊东、刘宗平主编。 　　(2)《兽医临床诊疗技术》，中国农业大学出版社，吴敏秋主编。 　　(3)《兽医临床诊疗技术》(第二版)，中国农业出版社，李玉冰主编。
材料准备	保定架、牛鼻钳、项圈、嘴笼、帆布桶、导尿管、胃管、灌肠器、灭菌手套、碘酊、酒精、注射器、针具、灸具、棉花、植物油、药品、止血带、剪毛剪、镊子等。
实施步骤	1. 利用学习资源的图片、视频了解常用针灸方法。 　　2. 在实训基地，选择牛、羊、犬若干头只，应用所学方法对动物按要求进行冲洗、物理疗法、针灸练习。

任务要求	1. 能掌握动物冲洗、物理疗法和针灸治疗的方法。 2. 能通过医嘱对患病动物进行冲洗、物理疗法和针灸治疗。
任务完成 情况评价	1. 课堂评价＝自我评价(20％)＋小组评价(20％)。 2. 教师评价(20％)。 3. 考核评价(40％)。

任务 1　冲洗疗法

冲洗疗法的目的是用药液洗去黏膜上的渗出物、分泌物和污物，以促进组织修复。

一、洗眼与点眼

主要用于各种眼病，特别是结膜与角膜炎症的治疗。洗眼与点眼时，助手要确实固定动物头部，术者用一手拇指与食指翻开上下眼睑，另一手持冲洗器、洗眼瓶或注射器，使其前端斜向内眼角，徐徐向结膜上灌注药液，冲洗眼内分泌物。洗净之后，左手食指向上推上眼睑，以拇指与中指捏住下眼睑缘，向外下方牵引，使下眼睑呈一囊状，右手拿点眼药瓶，靠在外眼角眶上，斜向内眼角，将药液滴入眼内，闭合眼睑，用手轻轻按摩 1～2 下，以防药液流出，并促进药液在眼内扩散。如用眼药膏时，可用玻璃棒一端蘸眼膏，横放在上下眼睑之间，闭合眼睑，抽去玻璃棒，眼膏即可留在眼内，用手轻轻按摩 1～2 下，以防流出，或直接将眼膏挤入结膜囊内。

洗眼药通常用 2％～4％硼酸溶液、0.1％～0.3％高锰酸钾溶液、0.1％雷佛奴尔溶液及生理盐水。常用的点眼药有 0.5％硫酸锌溶液、3.5％盐酸可卡因溶液、0.5％阿托品溶液、0.1％盐酸肾上腺素溶液、2％～4％硼酸溶液、1％～3％蛋白银溶液，还有氯霉素、红霉素、四环素等抗生素眼药膏或药液。

二、鼻腔冲洗

当鼻腔有炎症时，可选用一定的药液进行鼻腔冲洗。洗鼻管多选用前端为盲端而周围有许多孔的特制胶管。犬、猫等中小动物可用细橡胶管连接吸耳球吸取药液。洗涤时，将胶管插入鼻腔一定深度，同时用手捏住外鼻翼，然后连接漏斗，装入药液，稍高抬漏斗，使药液流入鼻内，即可达到冲洗的目的。

洗鼻时应注意：把动物头部保定好，使头稍低；冲洗液温度要适宜；冲洗速度要慢，防止药液进入喉或气管。冲洗剂选择具有杀菌、消毒、收敛等作用的药物，一般常用生理盐水、2％硼酸溶液，0.1％高锰酸钾溶液及 0.1％雷佛奴尔溶液等。

三、导胃与洗胃法

用一定量的溶液灌洗胃，清除胃内容物的方法即导胃与洗胃法。临床上主要用于治疗急性胃扩张、瘤胃积食、瘤胃酸中毒以及饲料或药物中毒的病畜。清除胃内容物及刺激物，避免毒物的吸收，常用导胃与洗胃法。

（一）准备

大动物于柱栏内站立保定，中、小动物可站立保定或在手术台上侧卧保定。导胃用具同胃管投药，但牛的导胃管较粗，内径应为 2～4 cm。洗胃用 36 ℃～39 ℃温水，根据需要也可用 2%～3%碳酸氢钠溶液或石灰水溶液，1%～2%盐水、0.1%高锰酸钾溶液等。此外，还应准备吸引器。

（二）操作方法

先用胃管测量从口、鼻到胃的长度，并做好标记。马是从鼻端到第 14 肋骨；牛是从唇至倒数第 5 肋骨；羊是从唇至倒数第 3 肋骨。马经鼻插入胃管，牛经口插入胃管进行导胃。导胃时，将动物保定好并固定好头部，把胃管插入食管内，胃管到胸腔入口及贲门处时阻力较大，应缓慢插入，以免损伤食管黏膜。必要时灌入少量水，待贲门弛缓后，再向前推送入胃。胃管前端经贲门到达胃内后，阻力突然消失，此时会有酸臭气体或食糜排出。如不能顺利排出胃内容物，可接上漏斗，每次灌入温水或其他药液 1 000～2 000 mL，利用虹吸原理，高举漏斗，不待药液流尽，随即放低头部和漏斗，或用抽气筒反复抽吸，以洗出胃内容物。如此反复多次，逐渐排出胃内大部分内容物，直至病情好转。

治疗胃炎时导出胃内容物后，要灌入防腐消毒药。冲洗完后，缓慢抽出胃管，解除保定。

（三）注意事项

（1）操作中动物易躁动，要注意人畜安全。

（2）根据不同种类的动物，应选择适宜长度和粗度的胃管。

（3）当中毒物质不明时，应抽出胃内容物送检。洗胃溶液可选用温开水或等渗盐水。

（4）洗胃过程中，应随时观察脉搏、呼吸的变化，并做好详细记录。

（5）每次灌入量与吸出量要基本相符。马胃扩张时，开始灌入温水使食糜膨胀，但不宜过多，以防胃破裂。瘤胃积食和瘤胃酸中毒时，宜反复灌入大量温水，方能洗出瘤胃内容物。

四、阴道及子宫冲洗法

阴道冲洗主要是为了排出炎性分泌物，用于治疗阴道炎。子宫冲洗用于治疗子宫内膜炎和子宫蓄脓，排出子宫内的分泌物及脓液，促进黏膜修复，以尽快恢复动物的生殖功能。

（一）准备

根据动物种类准备无菌的各型开膣器、颈管钳子、颈管扩张棒、子宫冲洗管、洗涤器及橡胶管。

冲洗药液可选用温生理盐水、5%～10%葡萄糖、0.1%雷佛奴尔及 1%～0.5%高锰酸钾等溶液，还可用抗生素及磺胺类制剂。

（二）操作方法

先充分洗净外阴部，而后插入开膣器开张阴道，即可用洗涤器冲洗阴道。如要冲洗子宫，则先用颈管钳子钳住子宫颈外口左侧下壁，拉向阴唇附近；然后依次应用由细到粗的颈管扩张棒，插入颈管使之扩张；最后插入子宫冲洗管。通过直肠检查确认冲洗管已插入子宫角内之后，用手固定好颈管钳子与冲洗管，将洗涤器的胶管连接在冲洗管上，将药液注入子宫内，边注入边排除。另一侧子宫角也用同样方法冲洗，直至排出液透明为止。

（三）注意事项

操作过程要认真，防止粗暴，特别是在冲洗管插入子宫内时，需谨慎缓慢，以免造成子宫壁穿孔。不要用强烈刺激性或腐蚀性的药物冲洗。冲洗液用量不宜过大，一般 500～1 000 mL 即可。冲洗完后，应尽量排净子宫内残留的洗涤液。

五、尿道及膀胱冲洗法

尿道及膀胱冲洗主要用于尿道炎及膀胱炎的治疗，目的是排除炎性渗出物和注入药液，促进炎症的治愈；也可用于导尿或采取尿液供化验诊断。本法对母畜操作容易，对公畜操作的难度较大。

（一）准备

根据动物种类及性别使用不同类型的导尿管，公畜选用不同口径的橡胶或软塑料导尿管，母畜选用不同口径的特制导尿管。用前将导尿管放在 0.1% 高锰酸钾溶液或温水中浸泡 5～10 min，插入端蘸液状石蜡。冲洗药液宜选择刺激性或腐蚀性小的消毒剂、收敛剂，常用的有生理盐水、2% 硼酸、0.1%～0.5% 高锰酸钾、1%～2% 石炭酸、0.1%～0.2% 雷佛奴尔等溶液，也常用抗生素及磺胺制剂的溶液，冲洗药液温度要与体温相等。注射器与洗涤器、术者的手和外阴部以及公畜阴茎、尿道口均要清洗消毒。

（二）操作方法

1. 母畜膀胱冲洗

大动物于柱栏内站立保定，中、小动物在手术台上侧卧保定。助手将畜尾拉向一侧或吊起。术者将导尿管握于掌心，前端与食指平齐，呈圆锥形伸入阴道（大动物 15～20 cm），先用手指触摸尿道口，轻轻刺激或扩张尿道口，适时插入导尿管，徐徐推进。当进入膀胱后，先排净尿液，然后用导尿管另一端连接洗涤器或注射器，注入冲洗药液，反复冲洗直至排出的药液透明为止。最后将膀胱内药液排除。当触摸识别尿道口有困难时，可用开膣器开张阴道，即可看到尿道口。

2. 公马膀胱冲洗

先于柱栏内固定好两后肢，术者蹲于马的一侧，将阴茎抽出，左手握住阴茎前部，右手持导尿管，插入尿道外口徐徐推进。当到达坐骨弓附近时有阻力，推进困难，此时助手在肛门下方可触摸到导尿管前端，轻轻按压辅助导尿管向上转弯。术者同时继续推送导尿管，即可进入膀胱。冲洗方法与母畜相同。

3. 公犬膀胱冲洗

术者左手抓住阴茎，右手将导尿管经尿道外口徐徐插入尿道，并慢慢向膀胱推进。导尿管通过坐骨弓处的尿道弯曲时常发生困难，可用手指隔着皮肤向深部适当压迫，引导导尿管末端进入膀胱，一旦进入膀胱内，尿液即从导尿管流出。冲洗方法与母畜相同。

（三）注意事项

（1）所用物品必须严格灭菌，并按无菌操作规程进行，以预防尿路感染。

（2）选择光滑和粗细适宜的导尿管，插管动作要轻柔，以防止粗暴操作损伤尿道及膀胱壁。

（3）插入导尿管时前端宜涂润滑剂，以防损伤尿道黏膜。

（4）对膀胱高度膨胀且又极度虚弱的病畜，导尿不宜过快，导尿量不宜过多，以防腹压突然降低引起虚脱，或膀胱突然减压引起黏膜充血，发生血尿。

（5）给公马冲洗膀胱时，要注意人畜安全。

六、灌肠法

（一）适应证

向直肠内注入药液、营养液或温水，直接作用于肠黏膜，使药液、营养液被吸收或排出宿粪，以及除去肠内分解产物与炎性渗出物，达到疾病治疗的目的。此法多用于患畜肠内补液、肠阻塞以及直肠炎的治疗，如临床上常应用深部灌肠方法治疗马属动物的便秘，也用于动物采食及吞咽困难时的直肠内人工营养。

（二）操作方法

1. 浅部灌肠法

灌肠时，将动物站立保定好，助手把尾拉向一侧。术者一手提盛有药液的灌肠用吊筒，另一手将连接吊筒的橡胶管徐徐插入肛门 10～20 cm，然后高举吊筒，使药液流入直肠内。灌肠后使动物保持安静，以免引起排粪动作而将药液排出。对以人工营养、消炎和镇静为目的的灌肠，在灌肠前应先把直肠内的蓄粪取出。

2. 深部灌肠法

（1）保定。将病牛在柱栏内确实保定，用绳子吊起尾巴。

（2）麻醉。为使肛门括约肌及直肠松弛，可施行后海穴封闭，即以 10～12 cm 长的封闭针头，与脊柱平行地向后海穴刺入 10 cm 左右，注射 1%～2% 普鲁卡因液 20～40 mL。

（3）塞入塞肠器。

①木制塞肠器，长 15 cm，前端直径为 8 cm，后端直径为 10 m，中间有直径 2 cm 的孔道器，后端装有两个铁环，塞入直肠后，将两个铁环拴上绳子，系在颈部的套包或夹板上。

②球胆制塞肠器。将带嘴的排球胆剪两个相对的孔，中间插一根直径 1～2 cm 的胶管，然后再用胶黏合，胶管的一端露出 5～10 cm，朝向牛头一端露出 20～30 cm，连接灌肠器。塞入直肠后，由原球胆嘴向球胆内打气，胀大的球胆堵住直肠膨大部，即自行固定。

（4）灌水。将灌肠器的胶管插入木制塞肠器的孔道内，或与球胆制塞肠器的胶管相连接，缓慢地灌入温水或 1% 温盐水 10 000～30 000 mL。灌水量的多少依据便秘的部位而定。灌肠开始时，水进入顺利，当水到达结粪阻塞部位时则流速缓慢，甚至随病畜努责而向外反流，以后当水通过结粪阻塞部，继续向前流时，水流速度又见加快。如病畜腹围稍增大，并且腹痛加重，呼吸增数，胸前微微出汗，则表示灌水量已经适度，不要再灌。灌水后，经 15～20 min 取出塞肠器。

如无塞肠器，术者也可用双手将插入肛门内的灌肠器的胶管连同肛门括约肌一起捏紧固定。但此法不可预先做后海穴麻醉，以免肛门括约肌弛缓，不易捏紧。尾巴也不必吊起或拉向一侧，任其自然下垂，避免动物努责时，水喷在术者身上。在灌肠过程中，如动物努责，可让助手在动物前方摇晃鞭子，吸引其注意力，以减少努责。唧筒式灌肠器与唧筒式灌肠法如图 6-1、图 6-2 所示。

图 6-1　唧筒式灌肠器　　　　图 6-2　唧筒式灌肠法

（三）注意事项

（1）直肠内存有蓄粪时，按直肠检查操作要领取出，再进行灌肠。

（2）避免粗暴操作损伤肠黏膜或造成肠穿孔。

（3）溶液注入后由于排泄反射，易被排出，应用手压迫尾根和肛门或于注入溶液的同时，用手指刺激肛门周围，也可通过按摩腹部减少排出。

任务 2　物理疗法

一、冷却疗法

冷却疗法主要应用于急性炎症的最早期，其作用是使患部血管收缩，减少炎性渗出，防止炎症扩散，消除局部肿胀，减轻疼痛。

（一）冷敷

用厚毛巾或脱脂棉蘸冷水稍微拧干后敷于患部，用绷带固定。每天更换数次，每次 $20\sim30$ min。

（二）冷蹄浴

冷蹄浴常用于治疗蹄和指（趾）关节疾病。在帆布桶、塑料桶或木桶内放入冷水，让患肢站在桶内浸泡，不断更换桶内冷水，每次浸泡 30 min。为了保护蹄角质不受影响，可在蹄壁涂抹一层凡士林。

二、温热疗法

温热疗法可使局部温度提高，促使局部血液循环旺盛，血管扩张，加强细胞氧化作用，促进机体的新陈代谢，并加强局部白细胞的吞噬作用。由于淋巴管在温热条件下明显扩张，有利于新陈代谢产物、炎性产物及渗出产物的吸收。

温热疗法适应证临床上常用于治疗各种急性炎症的后期和亚急性炎症，如亚急性腱炎、腱鞘炎、肌炎及关节炎和尚未出现组织化脓溶解的化脓性炎症的初期。对于恶性肿瘤和有出血倾向的病例禁用温热疗法。对于有创口的炎症不宜使用湿的温热疗法。

（一）热敷

在 $40\,℃\sim50\,℃$ 的温水中浸湿毛巾，或用温热水装入胶皮袋中，敷于患部，每天 3 次，每次 30 min。为加强热敷效果，可用热药液替代普通水，如复方醋酸铅液（醋酸铅 25 g、明矾 5 g、水 5 000 mL），$10\%\sim25\%$ 的硫酸镁液，食醋以及中药煎剂等，均有较好的热敷效果。

（二）温蹄浴

温蹄浴用于治疗蹄、趾、指关节的疾患。让患肢站在 $42\,℃$ 的温水桶内浸泡，不断更换桶内温水，每次浸泡 30 min。温水中最好加入高锰酸钾（浓度为 0.1%），以增强防腐作用。

（三）酒精热绷带

将 95% 的酒精或白酒放在水浴中加热到 $50\,℃$，用棉花浸渍，趁热包裹患部，再用塑料薄膜包于其外，防止挥发，塑料膜外包上棉花以保持温度，最后用绷带固定。这种绷带维持治疗作用的时间可长达 $10\sim12$ h，所以每天更换一次绷带即可。

（四）石蜡疗法

患部仔细剪毛，用排笔蘸 $65\,℃$ 的熔化石蜡，反复涂于患部，使局部形成 0.5 cm 厚的防烫层。然后根据患部不同，选用以下适当方法。石蜡疗法可隔日进行一次。

1. 石蜡棉纱热敷法

石蜡棉纱热敷法适用于各种患部。用4～8层纱布，按患部大小叠好，浸于石蜡中(第一次使用时，石蜡温度为65℃，以后逐渐提高温度，但最高不要超过80℃)，取出，挤去多余蜡液，敷于患部，外面加棉垫保温并固定。也可把熔化的石蜡灌于各种规格的塑料袋中，密封，备用。使用时，用70℃～80℃水浴加热后，敷于患部，外面用绷带固定，治疗效果很好。

2. 石蜡热熔法

石蜡热熔法适用于四肢游离部。做好防烫层后，从肢端套上一个胶皮套用绷带把胶皮套下口绑在腿上固定，把65℃石蜡从上口灌入，上口用绷带绑紧，外面包上棉花并用绷带固定。

三、光疗法

光疗法是指采用自然光或人工产生的各种光辐射能(红外线、可见光、紫外线、激光)作用于局部或全身以治疗疾病的一种物理治疗方法。

(一)红外线疗法

1. 操作方法

(1)动物保定确实，使拟照射部位清洁无污物，用厚纸板或红黑布遮挡动物头部，以保护眼睛。

(2)将红外线灯移至治疗部位的斜上方或旁侧，照射时距离为30～50 cm。每次治疗时间为15～30 min，每日1～2次，连续10～15次为1个疗程。

(3)根据治疗部位的厚度、病情严重程度、皮肤反应和操作者手感照射相结合，调节红外线剂量。经验表明，当人手被照射5 min内有热感但无灼痛感时，照射剂量较为合适。或由小至大调节，以动物安静为度。

2. 临床应用

(1)适应证。红外线主要用于镇痛、改善局部血液循环、缓解肌肉痉挛及消炎等目的，在慢性炎症及亚急性炎症、外伤性软组织损伤、肌肉痉挛、风湿性关节炎、后躯瘫痪、慢性胃炎、子宫内膜炎、乳房炎后期、扭伤、挫伤、冻伤、骨折、术后粘连等疾病治疗中使用。

(2)禁忌证。高热病例、恶性肿瘤、出血性疾病。

(二)紫外线疗法

1. 操作方法

紫外线疗法分为全身照射和局部照射。临床上多用局部照射。先清除患部的污垢、痂皮、脓汁等。局部剪毛消毒，用遮盖布遮挡非注射部位；紫外灯距患部30～50 cm，每次照射5 min，以后每天增加5 min，连续6 d为1个疗程。

2. 临床应用

(1)适应证。紫外线疗法的适应证较广，包括蜂窝织炎溃疡、软组织创伤、褥疮、风湿性关节炎、佝偻病、皮癣、毛囊炎。

(2)禁忌证。皮肤光过敏、肝功能不全、肾炎。

任务3 针灸技术

家畜针灸疗法在临床应用中有许多独到之处，具有治疗广泛、疗效迅速、简单，安全易学、便于推广等优点。

一、针灸基本知识

针灸疗法包括针法和灸法。针法是应用各种不同类型的针具和不同的手法,刺扎畜体的一定穴位,给以适当的机械刺激,从而治疗疾病的一种方法。灸法是用特制的灸具或其他温热物体,烧灼或熏烤畜体的一定穴位,而达到治疗疾病的一种方法。

在中国传统医学中,针灸疗法的理论基础是经络学说,通过调节经络血气达到镇痛、防卫和调整的作用,用来治疗疾病。

(一)兽医针灸的一般用具

1. 针具

(1)圆利针。针体粗 1.5~2.0 mm,分大、小圆利针。大圆利针长有 6 cm、8 cm、10 cm 三种,一般用于马、牛、猪的白针穴位;小圆利针长有 2 cm、3 cm、4 cm 三种,一般用于针刺马、牛眼部周围、仔猪或禽的白针穴位。

(2)毫针。针体粗 0.64~1.25 mm,用不锈钢制成,又叫新针,针体长有 10 cm、12 cm、15 cm、20 cm、25 cm、30 cm 六种。这种毫针多用于深刺、针刺麻醉或小动物的白针穴位。

(3)宽针。针尖形如矛尖,针刃锋利,有大、中、小三种规格。大宽针长约 12 cm,针头宽约 0.8 cm,多用于放马、牛静脉、肾堂、蹄头血;小宽针长约 10 cm,针头宽约 0.4 cm,用于放马、牛缠腕、太阳血;中宽针介于大、小宽针之间,用于放牛带脉、胸膛血。

(4)三棱针。针尖部为三棱状,有大、小两种,多用于面部血管穴位或其他小血管穴位,如三江、玉堂、通关穴等。

(5)穿黄针。状如小宽针,尾部有一小孔,可以穿马尾,专用于穿黄。

(6)火针。比圆利针粗大,针头圆锐,针身长度可分 2 cm、3 cm、5 cm、10 cm 四种,用于肌肉丰满处的非血管穴位,如九委、百会、巴山穴等。

(7)夹气针。形如矛尖状,扁平,针尖钝圆,由竹签或合金制成,长约 30 cm,宽约 0.4 cm,专用于夹气穴。

(8)针锤。其为一种针刺辅助器械,多用于安装宽针,在放胸膛、带脉、蹄头血时使用。

兽医常用的各类针具如图 6-3 所示。

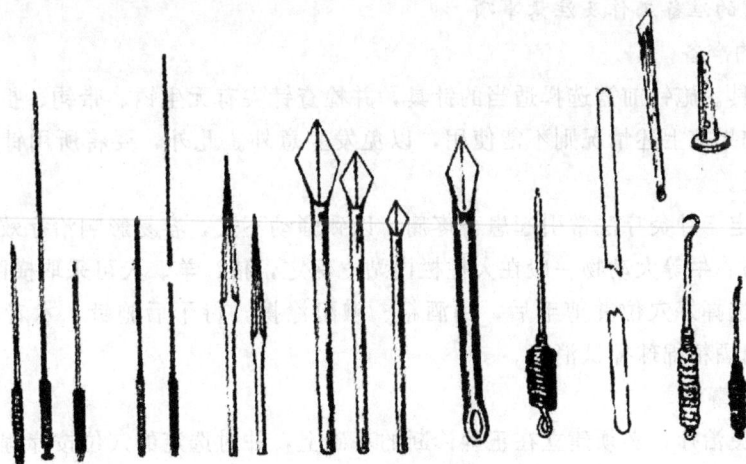

图 6-3 常用的各类针具

2. 灸具

最常用的灸具为艾卷，有时也用到艾柱。艾卷是用干燥的艾绒薄摊在草纸上，卷成长约15 cm、粗约 1 cm 的松紧适度的艾卷，用糨糊封口；艾柱是用艾绒制成红枣大小的圆锥体，用于直接艾灸和隔姜(蒜)灸等。

(二)取穴及针感反应

针灸施术前要在病畜体表准确地找出穴位，因为取穴正确与否，会直接影响疗效，所以掌握取穴方法是非常重要的。

1. 取穴法

依据不同的取穴标准，可将取穴方法分为以下几种。

(1)自然标志取穴法。

①外观体形取穴，即以畜体各部自然标志为基础而取穴，如马的鼻端旋毛取分水穴，口角取锁口穴等。

②解剖部位取穴，即按畜体解剖学部位为基础而取穴，如腰椎与荐椎结合部凹陷正中为百会穴。

(2)体躯连线取穴法，即将畜体某些部位间的连线距离划分一定的比例而取穴，如股骨中转子与百会穴连线的中点取巴山穴，结节到背中线所做垂线的中、外 1/3 交界处取雁翅穴等。

(3)指量取穴法，即以人的手指第二指关节的宽度作为取穴尺度。食指、中指相并(二横指)为 3 cm；食指、中指、无名指、小指相并(四横指)为 6 cm。

2. 针感反应

对病畜的一定穴位进行针刺时，其有无针感反应，是判断取穴准确与否的关键。针感反应又名得气，是指针刺病畜某一特定穴位时，病畜所表现出的相应的独特的症状，如针刺后病畜有针感反应，则是针刺穴位准确无误的标志。针感反应的表现，依不同穴位而异，如鼻前穴的针感反应是"上唇提肌明显收缩"；百会穴则有"弓腰和股部肌肉颤动"反应等。治疗某一疾病，可以取一个穴位，也可以选取多个穴位。取多个穴位治疗疾病时，其中起主要作用的叫主穴，起协同作用的叫配穴，如治疗肘黄(肘关节类)时，抢风穴为主穴，肘俞、乘重为配穴。

(三)针灸前的准备工作及注意事项

1. 针灸前的准备

(1)检查针具。施针前需选择适当的针具，并检查针尖有无生锈、带钩、折弯现象，针柄有无松动等，如果有上述情况则不能使用，以免发生意外。此外，要将所用针具擦拭光洁并用酒精棉球消毒。

(2)患畜保定。针灸疗法常引起患畜疼痛，以致骚动不安，容易影响治疗效果，因此患畜要确实保定。马、牛等大动物一般在大柱栏内站立保定，猪、羊、犬可采取横卧保定。

(3)消毒。选择好穴位并剪毛后，用酒精、碘酊涂擦，待干后施针。术者双手用清水洗净，晾干，并用酒精棉球擦拭消毒。

2. 针灸注意事项

(1)进行针灸治疗，必须建立在正确诊断的基础上，并对选定的穴位按疗程规定有计划地进行针刺。

(2)有下列情形时，不宜进行针灸治疗：

①恶劣天气，如大雨、大风等；

②母畜交配前后；

③母畜妊娠后期。

(3)针灸后不要立即使役，但可以适当运动；针灸部位要防止雨淋和摩擦；针刺四肢下部穴位后不要下水或走泥泞路，以防感染。

(4)在施针过程中，有时由于患畜骚动或肌肉强烈收缩，常引起针身弯曲(弯针)和针刺入肌肉后不能捻转、提插的现象(滞针)，此时术者应沉着冷静、安抚患畜，使之安静，轻轻捻动针柄，顺针弯的方向慢慢拔出。

(5)进针时应留适当长度的针身在体外，以便折断时易于拔出。若遇针体折断，体外尚露一小段时，应用镊子或钳子迅速拔出；全部折于体内的，则用手术方法取出。

(6)进针时如果由于针头过大、进针过深、刺伤动脉或切断血管等而出血不止的，应采取压迫、钳夹或结扎等止血措施。

(7)如果因消毒不严、针身生锈、烧针不透以及术后感染而引起针孔化脓者，应排出脓汁，清洁针孔，涂以碘酊；感染严重者，应切开排脓引流，按脓疮处理。

二、针术

针灸治疗的方法很多，可以分为白针疗法、火针疗法、血针疗法、气针疗法、电针疗法、耳针疗法、水针疗法、激光针灸疗法、磁针疗法和微波针灸疗法等。各种疗法的操作方法、适用范围及临床应用又有差别，以下介绍几种临床上较为常用的针疗法。

(一)白针疗法

白针疗法是应用圆利针、毫针或宽针按规定的深度，对血针外的穴位施针。其操作方法如下。

1. 持针

右手拇、食指夹持针柄以便用力，中指、无名指抵住针身，以辅助进针。

2. 按穴

一般以左手按穴，固定穴位皮肤，右手持针、进针。左手固定穴位的方法有两种。

(1)指切按穴，即以左手拇指切压在穴位近旁的皮肤上，右手持针沿指甲边缘刺入。

(2)舒张按穴，即以左手拇指、食指将穴位皮肤撑压绷紧，右手持针在二指间的中点刺入。

3. 进针

进针的方法有两种，即急刺法和缓刺法。

(1)急刺法：左手按穴，右手持针，以持针手的食指固定针刺深度，将针尖点在穴位中心，迅速刺入所需深度。

(2)缓刺法：按上述方法按穴，将针尖先刺至皮下，然后再捻转进针至所需深度。其中，急刺法宜用宽针，缓刺法宜用圆利针。进针的角度一般有三种，即平刺、斜刺和直刺(图 6-4)。

4. 行针

针刺达到所需深度后，若立即退针，称为不留针，适于新发病、轻症；若将针停留在穴位，称为留针。留针时间的长短，依病情而定，一般病症可留 5～15 min，慢性、顽固性疾病可留 15 min 以上，留针过程中，可以使针保持静止，有的为了加强作用可每隔 3～5 min

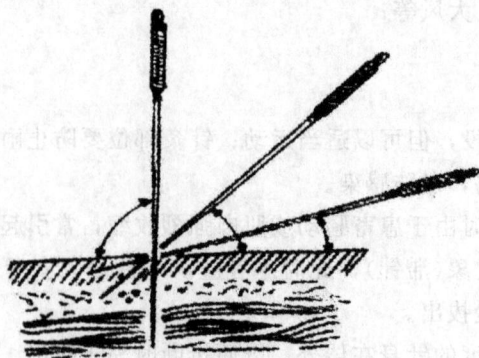

图 6-4　进针的角度

处理一次针，可采用提插、捻转、弹击针柄、针上加灸等方法，使患畜出现提肢、弓腰、摆尾、肌肉收缩和皮肤震颤等针感反应，进而增强疗效。

5. 退针

行针"得气"后，左手按压住穴位皮肤，右手持针柄捻转，将针抽出。

（二）火针疗法

火针同时兼有针和灸两种功能，可使针刺处组织出现较深的灼伤灶，在较长时间内保持对穴位的刺激作用，该法治疗风湿病、慢性腰肢病等有较好疗效。

1. 操作方法

（1）烧针（图 6-5）。

①油火烧针，用棉花将针尖及针身一部分缠成枣核形，松紧适当，然后浸透植物油，将尖部的油挤至微干，以便点燃烧针，待棉花将要燃尽时去掉灰烬，迅速刺入穴位。

②直接烧针，常用酒精灯直接烧红针尖部分并立即刺入穴位。

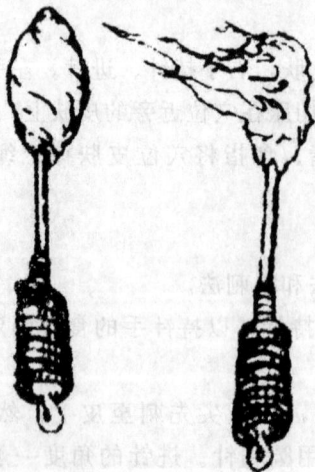

图 6-5　火针烧针法

（2）针刺。烧针前先选定穴位，消毒后用碘酊或龙胆紫点上记号，待针烧红后，立即刺入穴中，刺入后不留针或稍留针，退针时，稍把针身捻动一下即可抽出。针孔用碘酊消毒，并以胶布或火棉胶封闭针孔。

2. 穴位

火针与白针穴位基本相同，但是脉管及关节部位不得使用火针疗法。

3. 注意事项

(1)保定要确实。

(2)选穴要准确，消毒要彻底，火针要烧透，针孔要封闭，以防止感染。

(3)火针后要加强护理，防止患畜摩擦、啃咬针孔或被雨水浸湿等。若针孔化脓，应及时处理。

(4)火针对患畜的刺激性较强，且针孔周围组织受到的灼伤刺激能持续一周以上，因此扎火针前应有全面的计划，每次选穴 3～4 个，每隔 7～10 d 扎一次，第二次选穴不能重复以前扎过火针的穴位。

(三)血针疗法

血针疗法是用针刺破血管穴，放出一定量的血液来防治疾病的一种方法，如春季给牛、马等大家畜放大血或洗口放血，使其夏季少生热病。

1. 操作方法

(1)要看清血管，定准穴位，可用眼瞄法，也可用手指触压的方法。

(2)施针前为使血管怒张，便于刺中，可弹击或压迫血管，也可用绳捆扎(如静脉，可在颈下部扎绳)。

(3)术者既可用右手持针，也可将针装在针锤上，快速刺入选定的血管穴内。

(4)放血：应根据畜体类别、体质强弱、疾病性质和季节而定。马宜多放，牛少放；体壮、急性热病应多放；体弱、慢性病应少放；夏季多放，冬季少放。

(5)止血：放血一定量后，拔出刺针大多能自行止血，必要时可稍加压迫即可。如出血不止时，应多加压迫，必要时可以用止血钳或止血药止血。

2. 注意事项

(1)不同的血管穴，针刺时所用针具不同。较大的血管穴，如胸腔静脉，可以用大宽针；中、小血管，可用中、小宽针。三棱针大多用于细小血管，如玉堂、通关、分水、三江等。

(2)针刺时快速进针，一次穿透皮肤及血管壁。使用宽针时，针刃需与血管平行刺入，切勿切断血管。

(3)体质衰弱、孕畜、久泻、失血的病畜，不宜放血。

(4)四肢下部的穴位放血后，不宜立即涉水，以防感染。

(四)水针疗法

水针疗法也叫穴位注射疗法，是一种针刺与药物相结合的新疗法。它是在穴位痛点或肌肉起止点注射某些药物，通过针刺和药物对穴位的双重刺激以达到治疗疾病的目的。此法操作简便，使用器材和药品少，疗效显著，在临床上用于眼病、风湿症、神经麻痹等的治疗，并逐步广泛应用到许多常见病、多发病和少数传染病的治疗。

1. 操作方法

(1)注射点。可以有三种不同的选择。

①穴位，一般毫针穴位均可使用，可根据不同疾病，选用不同穴位。

②痛点，根据诊断找出痛点，进行注射。

③患部肌肉起止点，若痛点不易找到，可选择在患部肌肉的起止点注射，注射深度要达

到骨膜和肌膜之间。

(2)方法。选好注射点，局部剪毛、消毒后，以相应长度的针头刺入，至所需深度后，患畜会出现针感反应，即可连接注射器注入药物。注入后拔出针头，刺点消毒。一般 1～2 d 注射 1 次，3～5 次为一个疗程，必要时可停药 3～7 d 后，再进行第二个疗程。

2. 药物与剂量

当前应用于水针疗法的药物有生理盐水、10%～20%的葡萄糖液、0.5%～3.0%的普鲁卡因液、青霉素、链霉素、安乃近、25%硫酸镁液、维生素 B_1 或维生素 B_{12} 注射液以及当归液、10%红花液、黄连素注射液、穿心莲注射液等。药物用量可根据药物性质、注射部位及注射点的多少而定，一般为 10～50 mL。

3. 注意事项

(1)水针疗法所用药物以能皮下或肌肉注射为宜，刺激性过强的药物不宜使用。

(2)注射后局部常会出现轻度肿胀和疼痛，一般经 1 d 可自行消失。

(3)个别病畜注射后会有体温升高现象，因此对发热的病畜最好不用此法治疗。

(4)操作过程中，严格遵循无菌操作规程。

(五)电针疗法

电针疗法是以白针疗法为基础发展起来的，针刺一定穴位得气后，再通以适当的电流刺激穴位，以调节机体的机能，从而达到治疗疾病的目的。在临床上，电针疗法用于治疗各种家畜的起卧症、消化不良、神经麻痹、肌肉萎缩、风湿症、直肠及阴道脱垂等多种疾病。

1. 操作方法

电针疗法一般可根据病情，每次选 2～4 个穴位，经剪毛、消毒后，将针刺入穴位达所需深度（即患畜出现针感反应）。将电疗机的两极导线分别夹在针柄上，确认输出调节在刻度"0"时接通电源。一般输出电流由弱到强，频率由低到高，逐渐调到所需强度（以病畜能够安静地接受治疗为准）。

通电时间一般为 15～30 min，也可根据需要而适当延长。在治疗过程中，为避免病畜对电刺激的逐渐适应，可通过适当地加大输出、使电压与频率时高时低或中途短时间停电后再继续通电等措施来确保满意的疗效。

治疗结束时，将调节旋钮调到零值后关闭电源，然后除去金属夹，退出针具，消毒针孔。一般每日或隔日 1 次，5～7 d 为一个疗程，两个疗程间可间隔 3～5 d。

2. 注意事项

(1)调节强度时，应由小到大慢慢增强，不可突然增强，以防意外。

(2)靠近脊髓、延髓部位的穴位，刺激强度不宜过强，以免发生事故。

(3)孕畜禁用。

(六)气针疗法

气针疗法是向穴位皮下注入适量气体（氧气或空气）的一种针刺疗法。当气体进入皮下或肌肉内时，会刺激末梢神经和血管，使之兴奋或抑制，从而改变局部血液循环及营养供应，使疾病得以治愈。此法多用于治疗神经麻痹、肌肉萎缩等引起的慢性病。

1. 针具

采血针头一个，输液用胶管两段，去掉胶头的点眼管（内装少量稍干的酒精棉球）一个，100 mL 注射器一个。

2. 操作方法

常选用的穴位是弓子穴，也可选抢风、肾俞、大胯等穴，穴位和针具消毒后，将针头刺入穴位的皮下，连接点眼管和注射器，通过点眼管注入适量空气（200～500 mL）。注射结束后，拔出针头，用酒精棉球轻压针孔，适当按摩。

3. 注意事项

(1)气针治疗后，病畜不可做剧烈运动，以防气体扩散，影响疗效。

(2)气体绝不能注入血管，当确认回抽无血时方可注入空气。

(3)注入穴位内的气体，一般经 1～2 周即可全部吸收。

(七)激光针灸

激光是 20 世纪 60 年代发展起来的一项新技术，现在已广泛应用到许多科学领域，在兽医针灸上的应用也越来越多，实践证明，激光针灸能治疗家畜很多疾病且疗效显著。

激光针灸疗法可分为光针疗法和光灸疗法。

1. 器材

目前兽医临床上应用最多的是氦氖激光器和二氧化碳激光器，其中前者功率较小，输出红光，穿透力较强，热效应较弱，主要用于照射穴位和病灶局部；后者功率较大，输出红外不可见光，穿透力较弱，热效应较强，用于肿瘤切除和穴位烧灼等。

2. 取穴

一般根据针灸穴位的主治性能酌情选穴。例如，消化不良取脾俞、关元俞、后三里；结症取关元俞、大肠俞、脾俞；骨软症取脾俞、百会、关元俞、巴山、邪气、抢风、冲天等；风湿症取风门、九委、抢风、百会、肾棚、腰中、大胯、小胯等；不孕症取后海、阴俞、阴蒂等；乳房炎取阳明、滴明(乳井后缘腹壁皮下静脉上)、通乳(前后乳头之间旁开 3 cm 处)；仔猪白痢、羔羊下痢取交巢(后海)等。

3. 适应证

可提高畜体免疫能力，用于镇痛、麻醉、催情排卵，以及各种常见病的治疗，如消化不良、风湿症、支气管炎、仔猪白痢、羔羊下痢、不孕症、神经麻痹、结症、骨软症、关节扭挫伤、外伤等。

4. 操作方法

(1)光针疗法。应用氦氖激光器，根据病情选取一个或多个穴位，剪毛消毒，接通激光电源，打开开关，发出红光光束对准穴位，一般每穴照射 5～15 min，每日 1 次，连续 7～14 次为一个疗程，照射距离以 5～10 cm 为宜。

(2)光灸疗法。应用二氧化碳激光器，如灼烧穴位，每穴灼烧 2～6 s；如用扩束照射头，距穴位应为 20～30 cm，每穴照射 5～10 min。

三、灸术

点燃艾卷或艾炷，熏灼动物体穴位或特定部位，或利用其他温热物体，对患部温热灼痛刺激，借以疏通经络、驱散寒邪，达到治疗目的的方法，称为灸术。

(一)艾灸

艾灸是将艾绒制成艾卷或艾炷，点燃后熏灼动物体穴位或特定部位，以治疗疾病的方法(图 6-6)。艾绒由艾叶制成。艾叶气味芳香，易于燃烧，火力均匀，具有温通经脉、驱除寒邪、回阳救逆等功效。艾灸有艾卷灸、艾炷灸和温针灸 3 种。

图 6-6　艾灸疗法

1. 艾卷灸

艾卷灸不受体位的限制，全身各部均可施术。根据操作方法的不同，又分温和灸和雀啄灸两种。

(1)温和灸。将艾卷点燃，距穴位 1～2 cm 进行持续熏灼，给病畜一种温和刺激。一般每穴灸 3～5 min。

(2)雀啄灸。手持点燃的艾卷，接触一下穴位皮肤后立即离开，再接触，再离开，如此反复，如同麻雀啄食一般。每穴灸 2～3 min。此法刺激强烈，施术时应注意不得灼伤皮肤。

2. 艾炷灸

艾炷灸又分为直接灸和间接灸两种。

(1)直接灸。将艾炷直接置于穴位上，点燃，待燃烧至底部时，再换一个艾炷。每燃尽一个艾炷称为一壮。艾炷的大小和壮数的多少决定了刺激量的大小，一般治疗时以 3～5 壮为宜。

(2)间接灸。将穿有小孔的姜片、蒜片、附子片或食盐等其他药物，置于艾炷和穴位之间，点燃艾炷对穴位进行熏灼，称为间接灸，也称隔物灸。如有隔姜灸、隔蒜灸、隔盐灸、附子灸。艾炷灸多用于腰部穴位。

3. 温针灸

温针灸是将毫针或圆利针刺入穴位，待出现针感后，再将艾绒捏在针柄上点燃，使热力经针体传入穴位深部而发挥作用，具有针刺和灸的双重作用。

(二)温熨疗法

我国很早就有用温熨方法治疗动物疾病的记载，至今仍广泛地用于临床实践。温熨具有温经散寒的作用，常用于治疗风寒湿邪所引起的痹证等慢性疾患。根据具体方法的不同，温熨可分为以下 3 种。

1. 醋酒熨(图 6-7)

醋酒熨俗称火烧战船。即把病畜保定于柱栏内，用温醋将腰背部被毛浸湿，盖以醋浸的粗布，再浇洒 70% 的酒精，点燃。若火小则加酒，火大则加醋，如此反复烧灼约 30 min，直至病畜耳根或腋窝出汗为止。施术后，用麻袋或毛毯等覆盖腰部以保温。用于治疗腰背风湿症，也可用于治疗破伤风。

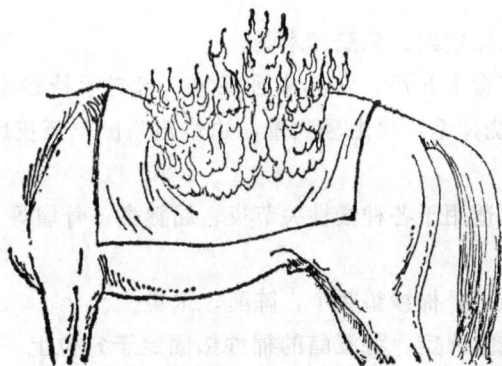

图 6-7　醋酒熨

2. 醋麸熨

将麸皮 10 kg 炒干后，加醋 2.5 kg 再炒，其热度以 40 ℃为好。然后分装两袋交替温熨患部，至患部显现微汗为止。术后应注意保暖。常用于治疗腰胯风湿。

3. 软烧法(图 6-8)

(1)准备。取长 40 cm，直径 1.5 cm 的圆木棍一根，将木棍的一端用棉花和纱布缠绕成长约 8 cm、直径 3 cm 纺锤状，用细铁丝扎紧。另取小刷 1 把、95％酒精 0.5 kg、食醋 1 kg 备用。

(2)操作方法。患畜站立于六柱栏内，以提举法保定对侧健肢，用小刷在患部周围大面积刷醋，再将烧灼棒的棉纱球蘸酒，点燃，先用文火于患部缓慢燎烧，2～3 min 后加大火力，节律均匀地摆动烧灼棒，将火焰甩于患部及其周围，持续烧灼约 45 min。在烧灼过程中，不断喷醋，以免灼伤。

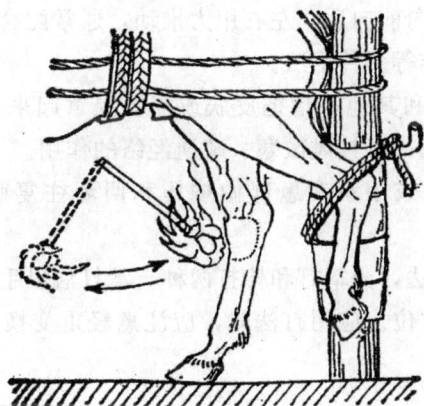

图 6-8　软烧法

(3)适应证。软烧法适用于慢性关节炎、屈腱炎的治疗。术后应注意护理，防止受寒。烧灼过程中应先轻后重，切勿用烧灼棒直接拍打皮肤。

(三)烧烙疗法

烧烙疗法是将特制的烙铁烧红后，在动物体表进行画烙或贯烙的一种传统疗法。此法盛行于古代，现在我国某些地区仍有继续使用的。烧烙有直接烧烙和间接烧烙两种。

1. 直接烧烙

(1)器材。刀状烙铁，保定绳，陈醋，木柴。

(2)操作方法。病畜停食 8 h 后，将其横卧保定，术者手持在木柴上烧至半红的刀状烙铁，在患部进行烧烙。先烧掉毛，再由轻到重，边烙边喷醋，至皮肤烙呈焦黄色为度。烙后防止啃咬和感染。

(3)适应证。直接烧烙适用于各种慢性关节炎、屈腱炎、骨瘤等。

2. 间接烧烙

(1)器材。方形烙铁数把，棉纱垫数个，陈醋，木炭。

(2)操作方法。病畜站立保定，将浸醋的棉纱垫固定于穴位上，然后用烧至半红的烙铁，反复在棉垫上烙熨，每穴烙 10 min，其间应不断加醋，以免将棉纱垫烧焦。若不见愈，1 周后可重复烙。

(3)适应证。间接烧烙用于治疗破伤风、脑炎、风湿、面神经麻痹。

四、按摩疗法

按摩又叫推拿，是术者在动物体一定部位上，运用不同手法进行按摩，以治疗疾病的一种方法。主要用于中、小家畜和幼畜的消化不良、泄泻、痹证、肌肉萎缩、神经麻痹、关节扭伤的治疗。

1. 基本手法

基本手法有按、摩、推、拿、揉、打 6 种手法。

(1)按法。按法是用手指或手掌在穴位或患部按压。按压时缓缓用力，反复进行。适用于全身各部，有通经活络、调畅气血的作用。

(2)摩法。摩法是用手指或手掌在患部进行抚摩。抚摩时主要依靠腕力，力度达皮肤或皮下，多配合推法进行，有理气和中、调理脾胃的作用。

(3)推法。推法是用手掌向前向后，左右用力推动，通常配合摩法使用。推法可分为单手推、双手推、手指推、手掌推等多种手法。

(4)拿法。拿法是用拇指和其他手指把皮肤或筋膜提拿起来。拿法可分为单手拿或双手拿。适用于病畜肌肉丰满部位，有祛风散寒、疏通经络的作用。

(5)揉法。揉法是用手指或手掌在患部做按压和回环往复刺激。有和气血、活经络的作用。

(6)打法。打法又称叩击法，分掌打和棒打两种。掌打法以手握空拳，击打所治部位。棒打法多用圆木锤击打患部或穴位。应用打法时，应注意轻重变换、快慢交替。打法有宣通气血、祛风散寒的作用。

2. 按摩的应用

按摩时间一般为每次 5～15 min，每日或隔日 1 次，7～10 次为 1 个疗程。必要时间隔 3～5 d 进行第二疗程。根据病情选用不同的按摩手法，如瘤胃积食、瘤胃臌气等可选按法，神经麻痹、肌肉劳损可选用打法。

五、常用针灸穴位及其应用

(一)选穴原则和配穴方法

针灸是通过刺激穴位治疗疾病，全身穴位众多，作用有同有异，一穴可用以治疗多种疾病，一种疾病又可用不同穴位治疗。因此恰当地选择和配伍穴位在治疗中十分重要。

在针灸治疗中，通常选择 1～3 个穴位作为主穴，再配合数个穴位作为副穴。选择主穴的过程称为选穴，选择副穴的过程称为配穴。

1. 选穴原则

(1)循经取穴。某经及其所属脏腑有病，就选择这一经的穴位，如肝热传眼，选择后肢厥阴肝经的太阳穴；肺热咳喘，选用前肢太阴肺经的颈脉穴；消化不良选用后肢阳明胃经的后三里穴；心经积热，选用前肢少阴心经的胸堂穴。循经选穴，重要的是选择疾病所属经络的穴位，故有"宁失其穴，毋失其经"之说。

(2)局部选穴。通常某一局部的穴位都有治疗该局部病变的作用，因此可以采用局部选穴的方法。局部选穴，就是选择病变部位及其周围穴位。如系关节肿痛选缠腕，蹄肿痛选蹄头、蹄门，肩关节疾病选肩井、肩俞，肘部疾病选肘俞。

(3)对证选穴。对证选穴就是根据穴位的主治作用，选择对疾病有效的穴位。如发热选大椎、降温；腹痛选三江、蹄头；结证选关元俞；浑睛虫病选开天；胸黄选穿黄穴；腹水选云门穴。

2. 配穴方法

在针灸治疗中，除选取主穴外，还应选取具有协同作用的副穴 2～6 个组成针灸处方。选择配穴的方法称为配穴方法。配穴的目的一是增强主穴的治疗作用，二是治疗兼症。

(1)单侧配穴：指在患侧选择配穴。如面神经麻痹选患侧的抱腮，配同侧的锁口、开关；桡神经麻痹选患侧的抢风，配同侧的乘重、前三里。

(2)双侧配穴：指在患者肢体左右两侧对称选择配穴。如结证选双侧关元俞；不孕症选双侧雁翅；消化不良选双侧脾俞等。

(3)前后配穴：指在头、尾或前、后躯同时选择配穴。如冷痛选三江、尾尖；感冒选耳尖、尾尖；结症选关元俞、后海。

(4)内外配穴：指选取口腔内穴位与表体穴位，内外相配的方法。如心经积热选通关，配胸堂；胃热选玉堂，配后三里。

(5)表里配穴：指根据脏腑经络的表里关系，选取相表里的两经上的穴位进行配穴的方法。如肺热咳喘选前肢太阴肺经上的颈脉，配前肢阳明大肠经上的鼻俞。

(6)腹背配穴：指选取背、腹侧穴位配方的方法。如肠炎选带脉，配脾俞；跳欻选腹侧的理中，配背侧的脾俞。

(7)远近配穴：指选取靠近或远离患部穴位组成配方的方法。如心热舌疮选通关穴，配蹄头穴；肺热咳嗽选鼻俞穴，配尾尖穴。

(二)牛的穴位及针治

1. 头部穴位

牛的头部穴位及针治如表 6-1 所示。

表 6-1　牛的头部穴位及针治

穴名	穴位	针法	主治
山根	主穴在鼻镜正中上缘有毛与无毛交界处，两副穴在两鼻孔背角处各一穴，共三穴	中(小)宽针向后下方刺入 1 cm，出血；毫针刺入 3～4.5 cm	中暑，感冒，腹痛，脑黄

穴名	穴位	针法	主治
顺气	口内硬腭前端，齿板后切齿乳头上的两个鼻腭管开口处，左右侧各一穴	将去皮、节的新鲜柳、榆树条，端部削成钝圆形，徐徐插入 20～30 cm，剪去外露部分，留置 2～3 h 或不取出	肚胀，感冒，睛生翳膜
通关	舌体腹侧面，舌系带两旁的血管上，左右侧各一穴	将舌拉出，向上翻转，三棱针刺入 1 cm，出血	慢草，木舌，预防疾病
承浆	下唇下缘正中、有毛与无毛交界处，一穴	中、小宽针向后下方刺入 1 cm，出血	下颌肿痛，五脏积热，慢草
锁口	口角后上方约 3 cm 凹陷处，左右侧各一穴	小宽针或火针向后上方平刺 3 cm，毫针刺入 4～6 cm，或透刺开关穴	牙关紧闭，歪嘴风
开关	口角向后的延长线与咬肌前缘相交处，左右侧各一穴	中宽针、圆利针或火针向后上方平刺 2～3 cm，毫针刺入 4～6 cm，或向前下方透刺锁口穴	牙关紧闭，歪嘴风，腮黄
鼻俞	鼻孔上方 4.5 cm 处（鼻颌切迹内），左右侧各一穴	三棱针或小宽针直刺 1.5 cm，或透刺到对侧，出血	肺热，感冒，中暑，鼻肿
三江	内眼角下方约 4.5 cm 处的血管分叉处，左右侧各一穴	三棱针或小宽针顺血管刺入 1 cm，出血	疝痛，肚胀，肝热传眼
耳尖	耳背侧距尖端 3 cm 的血管上，左右耳各三穴	捏紧耳根，使血管怒张，中宽针或大三棱针速刺血管，出血	中暑，感冒，中毒，腹痛，热性病
天门	两耳根连线正中点后方，枕寰关节背侧的凹陷中，一穴	火针，小宽针或圆利针向后下方斜刺 3 cm，毫针刺入 3～6 cm，或火烙	感冒，脑黄，癫痫，破伤风
太阳	外眼角后方约 3 cm 处的颞窝中，左右侧各一穴	毫针直刺 3～6 cm；或小宽针刺入 1～2 cm，出血，或施水针	中暑，感冒，癫痫，肝热传眼，睛生云翳

2. 躯干穴位

牛的躯干穴位及针治如表 6-2 所示。

表 6-2 牛的躯干穴位及针治

穴名	穴位	针法	主治
颈脉	颈静脉沟上、中 1/3 交界处的血管上，左右侧各一穴	头吊起，扣颈绳，大宽针顺血管刺入 1 cm，出血	中暑，中毒，脑黄，肺风毛躁，五脏积热

续表

穴名	穴位	针法	主治
苏气	第八、九腰椎棘突间的凹陷中，一穴	小宽针、圆利针或火针向前下方刺入1.5~2.5 cm，毫针刺入3~4.5 cm	肺热，咳嗽，气喘
关元俞	最后肋骨与第一腰椎横突顶端之间的髂肋肌沟中，左右侧各一穴	小宽针、圆利针或火针向内下方刺入3 cm，毫针刺入4.5 cm；亦可向脊椎方向刺入6~9 cm	慢草，积食，肚胀，便结，泄泻
六脉	倒数第一、二、三肋间，髂骨翼上角水平线上的髂肋肌沟中，左右侧各三穴	小宽针、圆利针或火针向内下方刺入3 cm，毫针刺入6 cm	便秘，慢草，积食，肚胀，泄泻
脾俞	倒数第三肋间，髂骨翼上角水平线上的髂肋肌沟中，左右侧各一穴	小宽针、圆利针或火针向内下方刺入3 cm，毫针刺入6 cm	便秘，慢草，积食，肚胀，泄泻
肺俞	倒数第六肋间，髂骨翼上角水平线上的髂肋肌沟中，左右侧各一穴	小宽针、圆利针或火针向内下方刺入3 cm，毫针刺入6 cm	肺热咳喘，感冒
百会	腰荐十字部，即最后腰椎与第一荐椎棘突间的凹陷处	小宽针、圆利针或火针向内下方刺入3~4.5 cm，毫针刺入6~9 cm	腰胯风湿，后肢瘫痪，闪伤，二便不利
带脉	肘后10 cm的血管上，左右侧各一穴	中宽针顺血管刺入1 cm，出血	腹痛，肠黄，中暑，感冒
肷俞	左侧肷窝部，肋骨后、腰椎下与髂骨翼前形成的三角区内	套管针或大号采血针向内下方刺入6~9 cm，徐徐放出气体	急性瘤胃臌气
云门	脐旁开3 cm，左右侧各一穴	治肚底黄，用大宽针在肿胀处散刺；治腹水，先用大宽针破皮，再插入宿水管	肚底黄，腹水
阳明	乳头基部外侧，每个乳头一穴	小宽针向内上方刺入1~2 cm，或激光照射	奶黄，尿闭
后海	肛门上尾根下的凹陷中，一穴	小宽针、圆利针或火针沿脊柱方向刺入3~4.5 cm，毫针刺入6~10 cm	久痢泄泻，胃肠热结，脱肛，不孕症
肛脱	肛门两侧旁开2 cm，左右侧各一穴	毫针向前下方刺入3~5 cm，或电针、水针	直肠脱

续表

穴名	穴位	针法	主治
尾根	荐椎与尾椎棘突间的凹陷中，即上下摇动尾巴，在动与不动交界处，一穴	小宽针、圆利针或火针直刺 1～2 cm，毫针刺入 3 cm	便秘，热泻，脱肛，热性病
尾本	尾腹面正中，距尾基部 6 cm 处的血管上，一穴	中宽针直刺 1 cm，出血	腰风湿，尾神经麻痹，便秘
尾尖	尾末端，一穴	中宽针直刺 1 cm，或将尾尖十字劈开，出血	中暑，中毒，感冒，过劳，热性病

3. 前肢部穴位

牛的前肢部穴位及针治如表 6-3 所示。

表 6-3　牛的前肢部穴位及针治

穴名	穴位	针法	主治
膊尖	肩胛骨前角与肩胛软骨结合部的凹陷处，左右侧各一穴	小宽针、圆利针或火针沿肩胛骨内侧向后下方斜刺 3～6 cm，毫针刺入 9 cm	失膊，前肢风湿
抢分	肩关节后下方，三角肌后缘与臂三头肌长头、外侧头形成的凹陷中，左右肢各一穴	小宽针、圆利针或火针向内下方刺入 3～4.5 cm，毫针刺入 6 cm	失膊，前肢风湿，肿痛
前缠腕	前肢球关节上方两侧，掌内、外侧沟末端内的指内、外侧静脉上，每肢内外侧各一穴	中、小宽针沿血管刺入 1.5 cm，出血	蹄黄，球节肿痛，扭伤
涌泉	前肢蹄叉前缘正中稍上方的凹陷中，每肢一穴	中、小宽针沿血管刺入 1.5 cm，出血	蹄肿，扭伤，中暑，感冒
前蹄头	第三、四指的蹄匣上缘正中，有毛与无毛交界处，每蹄内外侧各一穴	中宽针直刺 1 cm，出血	蹄黄，扭伤，便结，腹痛，感冒

4. 后肢部穴位

牛的后肢部穴位及针治如表 6-4 所示。

表 6-4　牛的后肢部穴位及针治

穴名	穴位	针法	主治
大胯	髋关节上缘，股骨大转子正上方 9～12 cm 处的凹陷中，左右侧各一穴	小宽针、圆利针或火针直刺 3～4.5 cm，毫针直刺 6 cm	后肢风湿、麻木，腰胯闪伤

续表

穴名	穴位	针法	主治
小胯	髋关节下缘，股骨大转子正下方 6 cm 处的凹陷中，左右侧各一穴	小宽针、圆利针或火针直刺 3~4.5 cm，毫针直刺 6 cm	后肢风湿、麻木，腰胯闪伤
邪气	股骨大转子和坐骨结节连线与股二头肌沟相交处，左右侧各一穴	小宽针、圆利针或火针直刺 3~4.5 cm，毫针直刺 6 cm	后肢风湿、闪伤，麻痹，胯部肿痛
肾堂	股内侧，大腿褶下方约 9 cm 的血管上，左右肢各一穴	吊起对侧后肢，以中宽针顺血管刺入 1 cm，出血	外肾黄，五攒痛，后肢风湿
掠草	膝关节外侧的凹陷中，左右肢各一穴	圆利针或火针向后上方斜刺 3~4.5 cm	掠草痛，后肢风湿
后三里	小腿外侧上部，腓骨小头下部的肌沟中，左右肢各一穴	毫针向后下方刺入 6~7.5 cm	脾胃虚弱，后肢风湿、麻木
滴水	后蹄叉前缘正中稍上方的凹陷中，每肢各一穴	中、小宽针沿血管刺入 1~1.5 cm，出血	蹄肿，扭伤，中暑，感冒
后蹄头	第三、四指的蹄匣上缘正中，有毛与无毛交界处，每蹄内外侧各一穴	中宽针直刺 1 cm，出血	蹄黄，扭伤，便结，腹痛，感冒

(三)犬的穴位及针治

1. 头部穴位

犬的头部穴位及针治如表 6-5 所示。

表 6-5　犬的头部穴位及针治

穴名	穴位	针法	主治
山根	鼻背正中有毛与无毛交界处，一穴	三棱针点刺 0.2~0.5 cm，出血	中暑，脑卒中，感冒，发热
三江	内眼角下的血管上，左右侧各一穴	三棱针点刺 0.2~0.5 cm，出血	腹痛，便秘，目赤肿痛
承泣	下眼眶上缘中部，左右侧各一穴	上推眼球，毫针沿眼球与眼眶之间刺入 2~3 cm	目赤肿痛，睛生云翳，白内障
睛明	内眼角上下眼睑交界处，左右眼各一穴	外推眼球，毫针直刺 0.2~0.3 cm	目赤肿痛，眵泪，云翳遮睛

穴名	穴位	针法	主治
上关	下颌关节后下方，下颌骨关节突与颧弓之间，张口时出现的凹陷中，左右侧各一穴	毫针直刺 3 cm	歪嘴风，耳聋
下关	下颌关节前下方，颧弓与下颌骨角之间的凹陷中，左右侧各一穴	毫针直刺 3 cm	歪嘴风，耳聋
耳尖	耳廓尖端背面的血管上，左右耳各一穴	三棱针或小宽针点刺，出血	中暑，感冒，腹痛
天门	枕寰关节背侧正中点的凹陷中，一穴	毫针直刺 1～3 cm，或艾灸	发热，脑炎，惊厥，抽风

2. 躯干部穴位

犬的躯干部穴位及针治如表 6-6 所示。

表 6-6　犬的躯干部穴位及针治

穴名	穴位	针法	主治
大椎	第七颈椎与第一胸椎棘突间的凹陷中，一穴	毫针直刺 2～4 cm，或艾灸	发热，咳嗽，风湿病，癫痫
陶道	第一、第二胸椎棘突间，一穴	毫针斜向后下方刺入 2～4 cm，或艾灸	神经痛，前肢扭伤，癫痫，发热
身柱	第三、第四胸椎棘突间，一穴	毫针斜向后下方刺入 2～4 cm，或艾灸	肺热，咳嗽，肩扭伤
灵台	第六、第七胸椎棘突间，一穴	毫针斜向后下方刺入 1～3 cm，或艾灸	胃痛，肝炎，肺热
悬枢	第十三胸椎和第一腰椎棘突间，一穴	毫针斜向后下方刺入 1～2 cm，或艾灸	风湿，腰部扭伤，消化不良，腹泻
肺俞	倒数第十肋间，距背中线 6 cm 的肌沟中，左右侧各一穴	毫针沿肋间向下斜刺 1～2 cm，或艾灸	肺炎，支气管炎
心俞	倒数第八肋间，距背中线 6 cm 的肌沟中，左右侧各一穴	毫针沿肋间向下斜刺 1～2 cm，或艾灸	心脏疾患，癫痫
肝俞	倒数第四肋间，距背中线 6 cm 的肌沟中，左右侧各一穴	毫针沿肋间向下斜刺 1～2 cm，或艾灸	肝炎，黄疸，眼病

穴名	穴位	针法	主治
脾俞	倒数第二肋间，距背中线 6 cm 的肌沟中，左右侧各一穴	毫针沿肋间向下斜刺 1～2 cm，或艾灸	食欲不振，消化不良，呕吐，贫血
胃俞	倒数第一肋间，距背中线 6 cm 的肌沟中，左右侧各一穴	毫针沿肋间向下斜刺 1～2 cm，或艾灸	食欲不振，消化不良，呕吐，贫血
百会	腰荐十字部，第七腰椎棘突与荐骨间，一穴	毫针直刺 1～2 cm，或艾灸	瘫痪，脱肛
三焦俞	第一腰椎横突末端相对的肌沟中，左右侧各一穴	毫针直刺 1～3 cm，或艾灸	食欲不振，消化不良，呕吐，贫血
肾俞	第二腰椎横突末端相对的肌沟中，左右侧各一穴	毫针直刺 1～3 cm，或艾灸	肾炎，不孕症，多尿，阳痿，腰部风湿，腰部扭伤
大肠俞	第四腰椎横突末端相对的肌沟中，左右侧各一穴	毫针直刺 1～3 cm，或艾灸	消化不良，肠炎，便秘
关元俞	第五腰椎横突末端相对的肌沟中，左右侧各一穴	毫针直刺 1～3 cm，或艾灸	消化不良，泄泻，便秘
小肠俞	第六腰椎横突末端相对的肌沟中，左右侧各一穴	毫针直刺 1～3 cm，或艾灸	肠炎，肠痉挛，腰痛
膀胱俞	第七腰椎横突末端相对的肌沟中，左右侧各一穴	毫针直刺 1～3 cm，或艾灸	膀胱炎，血尿，尿潴留，腰痛
二眼	荐椎两旁，第一、第二背荐孔处，每侧各二穴	毫针直刺 1～1.5 cm，或艾灸	后躯瘫痪，子宫疾病
中脘	胸骨后缘与脐的连线中点，一穴	毫针向前斜刺 0.5～1 cm，或艾灸	消化不良，呕吐，胃炎
后海	尾根与肛门间的凹陷中，一穴	毫针沿脊柱方向直刺 1～3 cm	腹泻，脱肛
尾根	最后荐椎与第一尾椎棘突间的凹陷中，一穴	毫针直刺 0.5～1 cm	瘫痪，尾麻痹，脱肛，便秘或腹泻
尾本	尾根部腹侧正中血管上，一穴	三棱针直刺 0.5～1 cm，出血	腹泻，直肠麻痹
尾尖	尾末端，一穴	毫针或三棱针直刺 0.5～0.8 cm	中风，中暑，胃肠炎

3. 前肢部穴位

犬的前肢部穴位及针治如表 6-7 所示。

表 6-7　犬的前肢部穴位及针治

穴名	穴位	针法	主治
抢风	肩关节后方,三角肌后缘、臂三头肌长头和外头形成的凹陷中,左右肢各一穴	毫针直刺 2～4 cm,或艾灸	扭伤,风湿症,前肢神经麻痹
肘俞	臂骨外上髁与肘突之间的凹陷中,左右肢各一穴	毫针直刺 2～4 cm,或艾灸	关节炎,前肢疼痛,神经麻痹
外关	前肢外侧下 1/4 处的桡、尺骨间隙中,左右肢各一穴	毫针直刺 1～3 cm,或艾灸	桡、尺神经麻痹,前肢风湿,便秘,缺乳
内关	前肢内侧下 1/4 处的桡、尺骨间隙中,左右肢各一穴	毫针直刺 1～2 cm,或艾灸	前肢神经麻痹,胃肠痉挛,急腹症,中风
膝脉	腕关节内侧下方,第一、二掌骨间的血管上,左右肢各一穴	三棱针、小宽针沿血管刺入 0.5～1 cm,出血	腕关节肿痛,屈腱炎,扭伤
涌泉	第三、四掌骨间的血管上,每肢一穴	三棱针直刺 1 cm,出血	风湿病,感冒

4. 后肢部穴位

犬的后肢部穴位及针治如表 6-8 所示。

表 6-8　犬的后肢部穴位及针治

穴名	穴位	针法	主治
环跳	股骨大转子前方,髋关节前缘的凹陷中,左右肢各一穴	毫针直刺 2～4 cm,或艾灸	后肢风湿症,腰胯疼痛
肾堂	股内侧上部隐静脉上,左右肢各一穴	三棱针或小宽针顺血管刺入 0.5～1 cm,出血	扭伤,神经痛
解溪	胫骨内侧与胫、跗骨间的凹陷中,左右肢各一穴	毫针直刺 0.5 cm,或艾灸	后肢麻痹,扭伤
后三里	小腿外侧上 1/4 处,胫腓骨间隙中,距腓骨头腹侧约 5 cm,左右肢各一穴	毫针直刺 1～2 cm,或艾灸	后躯麻痹,急腹症,关节炎,肠痉挛

续表

穴名	穴位	针法	主治
后跟	跟骨与腓骨远端的凹陷中，左右侧各一穴	毫针直刺 0.5 cm	扭伤，后肢麻痹
六缝	掌(趾)指(趾)关节缝中皮肤皱褶处，每肢三穴	毫针斜刺 1～2 cm，或点刺	趾扭伤或麻痹

(四)马常见病的针灸治疗

1. 肺热咳喘

肺热咳喘由外感、内伤等热邪犯肺引起。证见鼻乍气粗，咳嗽连声，咳声高亢，鼻流黄涕，口渴贪饮，大便干燥，小便短赤，口色红燥，苔黄，脉象洪数。

(1)血针：轻者以血堂为主穴，玉堂或胸堂为配穴；重者以颈脉为主穴，放血 500～1 000 mL。

(2)白针：大椎为主穴，肺俞、鼻前为配穴。

(3)电针：肺俞为主穴，鬐甲为配穴。

2. 黑汗风(中暑)

黑汗风(中暑)多因暑月炎天，烈日暴晒，或劳役过度，缺乏饮水，热壅气血、心胸所致。证见发病急速，神昏头低，气促嘴粗，大汗淋漓，站立如痴，行如酒醉。严重者，浑身肉颤，口色鲜红，脉象洪数。

病畜应立即移到阴凉处，冷水浇头。血针颈脉为主穴，放血 1 000～2 000 mL，分水、尾尖、蹄头、太阳、三江、带脉、通关等为配穴。

3. 肝热传眼(结膜角膜炎)

肝热传眼多因暑月炎天，使役过重，外受风热侵袭，热邪积于肝经，肝火上炎，外传于眼所致。证见结膜赤红，畏光流泪，眵盛难睁，甚则眼睑翻肿，睛生云翳，遮盖瞳孔，久则视力减退，甚至失明，口色鲜红，脉象弦数。

(1)血针：太阳为主穴，放血 300～500 mL，眼脉、三江为配穴。

(2)白针：睛俞、睛明、肝俞。

(3)水针：垂睛穴，取青霉素 40 万 IU，用 0.5%普鲁卡因液 5 mL 稀释，注入，隔日 1 次，连续 2～3 次。

4. 肚胀

大量过食或误食霉败草料，发酵产气；或饱后即役；或突然更换草料，均会损伤脾胃，以致运化无力，浊气积于胃肠。证见左肷胀大，叩之如鼓，腹痛起卧，肠音微弱，排粪减少或停止，口色赤红或赤紫，脉象沉涩或细数。

(1)血针：三江为主穴，蹄头为配穴。

(2)电针：两侧关元俞，弱刺激 20 min。

(3)急症在鼓胀最高点处放气。

5. 结证(便秘症)

结证是由于使役不当，饮喂失宜所致。如食过多草料，空腹骤喂，饱后即役，草料粗硬、单一或突然更换，缺少饮水。此外脾胃衰弱，老龄齿病，或天气骤变，也可导致该病的发生。

证见腹痛起卧，粪便不通，食欲减退或废绝，肠音减弱或消失，口舌干燥，舌苔黄厚，脉象沉实。

(1)电针：两侧关元俞，治疗 30 min。通电刺激初期，频率要慢，强度要小，以后逐渐加大，直到患畜腹肌强烈收缩，甚至轻度强直、并保持明显而有节律的震动后迅速减小，再交替升降频率和强度。

(2)血针：三江为主穴，蹄头为配穴。

(3)白针：脾俞穴为主穴，百会、后海、关元俞为配穴。

6. 冷痛(伤水起卧、痉挛疝)

使役过重，久渴失饮，空腹过饮冷水；或天气骤寒，夜露风霜；或遭阴雨苦淋，均可致冷积胃肠使腹中作痛。发病急剧，证见急起急卧，肠鸣如雷，鼻寒耳冷，前肢刨地，踢腹蹲腰，口色青黄，脉象迟细。

(1)血针：三江为主穴，分水、耳尖、尾尖、蹄头为配穴。

(2)白针：脾俞为主穴，配关元俞。

(3)刺姜牙穴：将上唇向另一侧紧拉，使姜牙骨充分显露，以大宽针切开皮肤，挑破或割去软骨端；或用姜牙钩钩拉软骨尖。

7. 肠黄(胃肠炎、痢疾)

肠黄多因暑月炎天，感受暑湿之邪；或食霉败草料、有毒食物，损伤脾胃，湿热料毒积于肠中所致。证见精神倦怠，食欲废绝，泻粪腥臭或带脓血，回头顾腹，卧多立少，喜饮冷水，尿少色黄，口色黄红，苔腻口臭，脉象洪数。

(1)血针：带脉为主穴，三江、蹄头、尾尖为配穴。

(2)水针：大肠俞、百会为主穴，每穴注入 10%安钠咖注射液 5～10 mL。脾俞、后三里为配穴，注入黄连素、大叶桉注射液。

(3)白针：脾俞、后海、百会。

8. 跳肷(膈痉挛)

饱后急走，乘渴急饮冷水，或食冰冷饲草料，或内热亢盛，外感风寒，均可致冷热相击，逆气上冲胸膈引起跳肷。证见两肷频频跳动，重症可引起全身震颤，呼吸促迫，口色青黄，脉象沉迟。

(1)水针：理中为主穴，膈俞为配穴，各注入 25%硫酸镁注射液 10～20 mL。

(2)白针(或电子针)：脾俞、膈俞为主穴，百会、后海为配穴。

9. 不孕症

引起不孕的原因很多，针灸可治疗的主要是机能性不孕症。主要表现为长期不发情，或发情表现微弱、发情中断、屡配不孕。

(1)电针：雁翅、百会、丹田、后海。

(2)激光照射：阴蒂、后海、阴俞等穴。

10. 歪嘴风(面神经麻痹)

歪嘴风多因外感风邪或外伤所致。一侧患病时，患侧耳廓、上眼睑及下唇下垂，上唇歪向健侧，口流清涎，舌尖外露，多用门齿采食。两侧患病者，两耳下垂，两眼半闭，鼻孔塌陷，上唇变长，下唇下垂，采食、饮水、呼吸均困难。

(1)电针：开关配抱腮，或锁口透开关配抱腮或下关。

(2)白针：开关为主穴，锁口、抱腮为配穴，三穴可相互透刺。

(3)水针：开关为主穴，锁口、抱腮为配穴，每穴注入 10％葡萄糖注射液 10～20 mL，或维生素 B₁ 注射液 5 mL，或硝酸士的宁注射液。

(4)温熨法：患侧腮颊部用温醋涂湿，盖上温醋浸湿过的毛巾，用烧红的方形烙铁，沿锁口—开关—抱腮穴反复熨烙，至耳根微汗为度。

11. 桡神经麻痹

桡神经麻痹多由跌打损伤引起，主要表现为站立时，患肢自肩关节以下各关节屈曲，不能负重，患肢较健肢长；行走时，患肢拖行，蹄尖或跨背着地。针刺患肢无疼痛反应。

(1)电针：膊尖、抢风、前三里等。

(2)白针：抢风、乘重为主穴，肩外俞、冲天、肘俞、前三里为配穴。

12. 坐骨神经麻痹

坐骨神经麻痹常由跌打损伤等原因引起。证见驻立时，髋、膝、跗关节弛缓，球节弯曲，系部着地，不能负重；运步时，髋、膝、跗关节伸展异常，球节以下屈曲，拖拉前进。卧地后多不能自行起立。

(1)白针或火针：百会、大胯、小胯、后三里、邪气、汗沟、仰瓦等穴。

(2)电针：百会、大胯、小胯等穴。

13. 风湿症

风湿症因气候突变、久卧湿地、带汗揭鞍等条件下，风寒湿邪侵犯经络所致。常见的有颈部风湿、腰背风湿、四肢风湿。

(1)颈部风湿一侧发病时，头颈弯向患侧，呈现斜颈。两侧发病时，头颈伸张，僵直不屈，低头困难，吃草饮水时两前肢叉开。

①醋麸灸。

②火针：风门、伏兔、九委等穴。

③巧治抽筋穴：拉紧上唇，用大宽针切开皮肤，用抽筋钩钩出上唇肌腱，用力牵引数次或切断。

(2)腰背风湿主要表现为腰脊僵硬、转动不灵、难起难卧。

①白针或火针：百会、肾俞、肾棚、肾角、腰前、腰中、腰后、命门、巴山、路股、雁翅、丹田等穴。

②醋麸灸或醋酒灸：取百会、双侧肾俞等穴施治。

(3)四肢风湿步态强拘，束步难行，把前把后，行走缓慢。当气候变暖或运动一段时间后，症状随之减轻。

①血针：前肢胸堂穴，后肢肾堂穴，每穴放血 500 mL 以上。

②火针：前肢抢风为主穴，冲天为配穴。后肢巴山为主穴，掠草、大胯、小胯、汗沟为配穴。

③白针：前肢抢风、乘重为主穴，冲天、肩贞、天宗为配穴。后肢巴山、阳陵为主穴，大胯、邪气、汗沟、百会、环跳为配穴。

④水针：药液用 2 份 25％葡萄糖注射液与 1 份 5％碳酸氢钠注射液混合，或复方氨基比林注射液等。

前肢风湿在三角肌起点处，由上而下刺入 8～10 cm，注药 20～30 mL；在臂三头肌上部平刺 3～5 cm，注药 10～20 mL；抢风入针 8 cm，注药 20～30 mL；冲天入针 5 cm 左右，注药 20 mL。

后肢风湿大胯进针 5 cm，汗沟进针 8 cm，每点注药 10～20 mL。

14. 五攒痛

五攒痛有料伤和走伤两种类型。前者多因过食精料而又运动不足，或胃肠阻滞，谷料毒积于胃肠，吸入血脉，凝滞于蹄所致；后者由于奔走太急，卒至卒栓，失于牵散，气血凝滞于胸膈、注于蹄头引起。表现为精神倦息，眼闭头低，四肢收于腹下，运步时四足如攒，拘行束步，把前把后，卧多立少，蹄温升高，蹄前壁敏感，口色鲜红，舌苔黄腻，脉象洪数。

血针以蹄头为主穴，每蹄放血约 500 mL；料伤加玉堂、通关穴，放血 200 mL；前肢病重加胸堂，后肢病重加肾堂，每穴泻血 500 mL；蹄头泻血量少者，加刺蹄门穴。营养不良患畜，酌情减量。

15. 跌打损伤

跌打损伤主要由打斗、跌扑、闪挫等原因引起，根据损伤的部位而有不同的表现。一般症状为局部肿胀、疼痛，出现跛行。

针灸治疗的选穴原则是选取患部的穴位。病初多用血针，日久用白针或火针。如前（后）蹄或系关节肿痛，血针蹄头、蹄门、缠腕，白针蹄臼；前肢腕关节肿痛，血针同筋、膝脉，白针膝眼、过梁等。

肩关节肿痛，血针胸堂、同筋，白针肩井、肩俞、肩外俞、抢风、冲天、乘重等；后肢髋关节损伤，血针肾堂，白针雁翅、丹田、大胯、环跳、环后等。

膝关节损伤，白针掠草、阴市、丰隆、阳陵等；附关节损伤，血针曲池、缠腕等。

（五）牛常见病的针灸治疗

1. 风寒感冒

风寒感冒主要由风塞之邪侵袭肌表引起，主要表现为发热恶寒，鼻镜无汗，鼻息不通或流清涕，反刍减少或停止；重者高热不退，耳鼻四肢厥冷，肢体拘急，咳嗽。

（1）水针：百会、肺俞，每穴注射柴胡注射液 5 mL。

（2）血针：山根、耳尖、通关为主穴，尾尖、蹄头为配穴。

（3）白针：肺俞、苏气为主穴，睛明、百会、丹田为配穴。

2. 瘤胃臌胀

瘤胃臌胀由于瘤胃内草料异常发酵产气引起，主要表现为肚腹胀满，呼吸促迫，食欲、反刍废绝，摇尾踢腹，肛门外突，口色青紫。

（1）白针或电针：脾俞、关元俞为主穴，百会、后海、苏气为配穴。

（2）血针：滴明、通关为主穴，山根、蹄头、尾尖、耳尖为配穴。

病情较急患畜应立即用套管针欣俞穴穿刺放气，或用新嫩树枝顺气穴插枝。

3. 不孕症

不孕症因多种原因引起，主要表现为长期不发情，或隐性发情，屡配不孕，直检卵泡不发育或有持久黄体或卵泡囊肿。

（1）电针：百会为主穴，后海、雁翅、关元俞为配穴；或两侧雁翅穴。

（2）氦氖激光照射：阴蒂、后海穴。

（3）白针：后海为主穴，百会、雁翅为配穴。

4. 胎衣不下

胎衣不下多由于产前劳役过度，气血不足；或产程过长，畜体倦乏；或胎儿过大或临产时受风寒侵袭引起。主要表现为胎衣部分或全部滞留于子宫内，或部分垂露于阴门之外。

(1)水针：百会、肾俞穴，注射催产素 80 IU，或己烯雌酚 30 mg。

(2)电针：百会为主穴，尾根、天平为配穴；或后海为主穴，百会、关元俞为配穴。

(3)白针：百会为主穴，尾根、关元俞、后三里、六脉为配穴。

5. 乳痈(乳房炎)

乳痈主要由于乳房积乳，或乳房不洁、乳头外伤感染引起，急性型表现为局部红肿热痛，乳量减少变性，有凝乳块或血丝，如化脓触之有波动感；慢性型症见乳房内有大小不等的硬块，乳汁排出不畅或无乳，重者溃烂成疮。

(1)血针：两侧滴明(肚脐前 1.5 cm，中线旁开 12 cm 处的腹皮下静脉上)穴，放血 400~500 mL。

(2)白针或氦氖激光照射：阳明穴、通乳穴。

(六)犬常见病的针灸治疗

1. 中暑(日射病和热射病)

日射病是由于夏季强烈日光长时间直接照射引起；热射病是由于环境温度过高或闷热所致。发病突然，表现为精神恍惚，步态不稳，呼吸困难，体温升高，脉搏快而弱。严重者会出现虚脱、昏迷、肌肉抽搐，甚至死亡。立即将犬移至阴凉通风处，用冰块冷敷头部，或用冷水浇头，并擦洗身体，或用冷水灌肠；根据病情进行补液或注射强心剂。

(1)血针：耳尖、尾尖为主穴，山根、胸堂、涌泉等为配穴。

(2)白针：水沟、大椎为主穴，天门、六缝等为配穴。

2. 癫痫

多种原因可引起癫痫。以突然倒地、发生强直性或阵发性痉挛、四肢伸展、全身僵硬、牙关紧闭、意识丧失为特征。

(1)白针：水沟、天门为主穴，大椎、翳风、心俞、百会、内关等为配穴。

(2)水针：百会、大椎、心俞、身柱等穴注射维生素 B_1 或维生素 B_{12}。

3. 感冒

感冒为因天气变化、机体抵抗力下降等引起的上呼吸道卡他性炎症，幼龄犬多发。以发热、畏寒、咳嗽、流浆液性或黏液性鼻液、结膜潮红、羞明流泪为特征。

(1)白针：大椎为主穴，肺俞、百会、睛明、阳池等为配穴。

(2)血针：山根、耳尖为主穴，膝脉、涌滴等为配穴。

4. 支气管炎和支气管肺炎

支气管炎和支气管肺炎因寒冷、潮湿、物理、化学刺激以及某些传染病、寄生虫病等引起，以流鼻涕、咳嗽、持续体温升高、听诊出现支气管啰音为特征。

(1)白针：肺俞、大椎为主穴，身柱、灵台、水沟等为配穴。

(2)血针：耳尖、尾尖为主穴，涌滴为配穴。

(3)水针：喉俞穴，注射氨苄西林 0.15 g，2%普鲁卡因 0.2 mL，注射用水 0.3 mL。

5. 呕吐

呕吐由于胃部受寒或食入不洁饲草料等原因引起，或为胃肠炎或某些传染病的一个症状，零星或频繁发作。呕吐时，病犬不安，伸颈将头贴近地面，腹肌强烈收缩，并张口做呕吐状。

(1)白针：内关、外关、后三里为主穴，脾俞、三焦俞、中枢等为配穴。

(2)艾灸：中脘、天枢穴。

6. 幼犬消化不良

幼犬消化不良为多种原因引起的幼犬胃肠消化机能障碍，以消化紊乱和不同程度的腹泻为特征。

(1)白针：后三里、脾俞、后海为主穴，百会、大肠俞、小肠俞、三焦俞等为配穴。

(2)艾灸：中脘、关元俞、天枢等穴。

7. 肚胀

肚胀多因一次性采食过多，食物在胃肠内异常发酵产生过多气体而引起，有食胀和气胀两种。

(1)白针：后海、后三里为主穴，百会、大肠俞、外关、内关等为配穴。

(2)艾灸：中脘、天枢、后海、后三里等穴。

8. 腹泻

腹泻因多种原因引起，常见于各种急性肠炎的过程中，以排粪次数增加、粪便稀薄、甚至带有大量脓血为特征。

(1)白针：以脾俞、后海、后三里为主穴，百会、胃俞、大肠俞、悬枢、中枢等为配穴。

(2)艾灸：天枢、中脘、脾俞、后三里等穴。

(3)水针：关元俞、后三里、后海、百会等穴。

(4)血针：尾尖为主穴，涌滴为配穴。

9. 椎间盘突出

椎间盘突出是因遗传、激素紊乱等原因诱发的椎间盘退变，常发于胸腰部和颈部。发生于胸腰部者，表现为腰背部疼痛，弓腰，行动迟缓，不愿蹦跳；严重者，步态跛行，两后肢拖拉或后躯麻痹，排粪、排尿困难或失禁，腹壁紧张，触摸腹壁或按压背部有疼痛反应。发生于颈部者，表现为颈部疼痛，肌肉紧张，头颈运转困难，或前肢跛行；严重者，因神经麻痹而使头颈偏向一侧。

(1)白针：胸腰部发病部位，在邻近病变部位的中线及其两侧的髂肋肌沟中取穴，如身柱、灵台、中枢、悬枢、命门、肺俞、心俞、肝俞、脾俞、三焦俞、肾俞、大肠俞、关元俞、二眼为主穴，百会、尾根、后三里、阳辅、后跟、六缝等为配穴。颈椎发病，取天门、身柱、陶道等为配穴。

(2)水针：大椎、中枢、悬枢、百会等穴，注射当归注射液或维生素 B_1。

10. 面神经麻痹

面神经麻痹多由外伤等原因引起，分为双侧性麻痹和单侧性麻痹。前者主要表现为头部浅表肌肉松弛，颊周围和鼻部皱襞消失，颜面变平，耳朵及口唇下垂，眼睑反射消失，对声音刺激反应减弱，采食、吞咽困难，有涎液自口角流出；后者主要表现为患侧肌肉松弛，口、鼻、耳歪向健侧，鼻孔塌陷，唇迟缓，皮肤和黏膜无知觉。

(1)白针或电针：锁口、开关、翳风为主穴，上关、下关、天门为配穴。

(2)按摩：沿面神经的走向进行。

11. 桡神经麻痹

桡神经麻痹多为外伤、压迫等原因引起，分为部分麻痹和完全麻痹两种。

部分麻痹时，患犬站立时无明显异常，但常以指（趾）尖负重，运动时腕、指（趾）关节伸展困难，以指（趾）尖触地。完全麻痹时，站立时患肢长于健肢，肩关节过度伸展，肘关节下沉，以指尖（趾）或指（趾）背侧着地。运动时患肢不能充分提起，前伸困难，指（趾）尖拖地而行；对疼痛刺激反应减弱或消失。

(1)白针：以抢风、前三里、郄上、外关等为主穴，肩井、肩外俞、肘俞、内关、曲池、阳池、六缝等为配穴。

(2)电针：抢风配阳池、外关、六缝等穴。

(3)水针：抢风、前三里等穴，注射维生素 B_1 或当归注射液。

12. 坐骨神经麻痹

坐骨神经麻痹多为外伤、压迫等原因引起，分为不完全麻痹和完全麻痹两种。前者站立时跗关节以下各关节屈曲；运动时提举困难，指（趾）尖着地。后者站立时患肢变长，除指（趾）关节外所有关节伸展，跟腱松弛，指（趾）背侧着地，不能支持体重；运动时，提举困难，指（趾）背侧面在地上拖行。

(1)白针：百会、环跳、后三里等为主穴，膝上、阳辅、解溪、后跟、六缝等为配穴。

(2)电针：取百会、环跳、后三里、六缝等组成穴组。

13. 膀胱麻痹

膀胱麻痹为多种原因引起的膀胱肌肉紧张度减弱或消失，以尿失禁、不随意排尿、排尿障碍等排尿异常为特征。

白针：百会、后海为主穴，命门、肾俞、关元俞、二眼、尾跟等为配穴。

14. 犬瘟热后遗症

犬瘟热后遗症多见于患神经型犬瘟热的康复犬，主要表现为口唇、头部肌肉及双耳、前肢或后肢抽搐。

白针：口唇抽搐，取锁口、开关、上关、下关、翳风等穴；头顶肌肉及双耳抽搐，取翳风、天门、上关、下关等穴；前肢抽搐，取抢风、肩井、郄上、前三里、外关、六缝等穴；后肢抽搐，取百会、环跳、后三里、解溪、后跟、六缝等穴。

●●●● 项目测验

问题一：下面不属于常用针灸针法的是（　　　　）。

A. 白针　　　　　　　　B. 火针　　　　　　　　C. 血针

D. 水针　　　　　　　　E. 酒针

问题二：热敷的温度一般是（　　　　）。

A. 30 ℃～40 ℃　　　　B. 40 ℃～50 ℃　　　　C. 50 ℃～60 ℃

D. 60 ℃～70 ℃　　　　E. 70 ℃～80 ℃

问题三：姜牙穴最常用于（　　　）疾病的治疗。

A. 感冒　　　　　　　　B. 腹泻　　　　　　　　C. 发热

D. 便秘　　　　　　　　E. 冷痛

问题四：

常用灸法一般有哪一种治疗作用（　　　）。

A. 温通经脉　　　　　　B. 清热泻火　　　　　　C. 扶正祛邪

D. 疏通气血　　　　　　E. 调理阴阳

问题五：

患神经型犬瘟热的康复犬，后肢抽搐选取的穴位是（　　　）。

A. 开关　　　　　　　　B. 上关　　　　　　　　C. 下关

D. 翳风　　　　　　　　E. 后三里

●●●● 思考题

1. 灸法的治疗范围有哪些？

2. 如何给牛洗胃？

3. 举出 10 个牛、犬的常用穴位和主要治疗项目。

●●●● 考核评分

班级_____　　学号_____　　学生姓名_____　　得分_____

评价项目		评价标准（考核指标解释及分值）	满分	得分
课堂评价	自我评价	能够预习所学知识，学习任务相关知识，完成习题、报告	20	
	小组评价	积极参加小组活动，团队合作意识强，组织协调能力强，能运用所学方法分析、解决问题	20	
教师评价		主动查阅资料、学习相关知识，独立完成学习任务、课堂纪律好，有较强的安全意识、节约意识、爱护动物的意识	20	
考核评价	任务完成情况评价	能根据实际情况进行兽医临床常用的冲洗、物理、针灸疗法的使用	10	
		会进行兽医临床常用的冲洗、洗胃、灌肠、物理疗法技术	10	
		会实施兽医临床常用的针灸疗法，熟悉常用针灸穴位	10	
	相关习题完成评价	能查阅相关资料完成习题，正确率高	10	
总分			100	